Friedrich Günther

Der Harz

Verlag
der
Wissenschaften

Friedrich Günther

Der Harz

ISBN/EAN: 9783957006974

Auflage: 1

Erscheinungsjahr: 2016

Erscheinungsort: Norderstedt, Deutschland

Hergestellt in Europa, USA, Kanada, Australien, Japan
Verlag der Wissenschaften in Hansebooks GmbH, Norderstedt

Land und Leute

Monographien zur Erdkunde

Land und Leute

Monographien zur Erdkunde

In Verbindung mit hervorragenden Fachgelehrten

herausgegeben von

A. Scobel

————

IX.

Der Harz

————

Bielefeld und Leipzig
Verlag von Velhagen & Klasing
1901

Der Harz

Von

Fr. Günther

———

Mit 115 Abbildungen nach photographischen Aufnahmen
und einer farbigen Karte.

Bielefeld und Leipzig
Verlag von Velhagen & Klasing
1901

Inhalt.

Abb. 1. Stolberg, von der Lutherbuche gesehen.
(Nach einer Photographie von F. Rose in Wernigerode.)

Abb. 2. Eisleben im 17. Jahrhundert (nach Merian).

Der Harz.

I.

Einleitung.

„Mag Samaria und Judäa ein sehr fruchtbares Land gewesen sein, ich lobe mir dafür meine Güldene Au." So sprach, wie D. Luther erzählt, Botho der Glückselige, Graf zu Stolberg, als er am 9. Februar 1494 von seiner „Meerfahrt" in das Gelobte Land in seine harzische Heimat zurückkehrte. Ja, und wenn es auch gar viel gewaltigere Gebirge gibt mit himmelanstrebenden, von den Wolken benetzten Spitzen und Hörnern, mit glitzernden Gletschern und ewigem Firn: ich lobe mir doch meinen bescheidenen Harz und ich liebe ihn und preise ihn, so gut ich kann.

„Größ're Gebirge wohl gibt's, doch keines, das ihn überträfe
Beides an Wald und Wild   ."

singt Heinrich Rosla (gegen 1300) in seiner Herlingsberga; und Konrad Celtis, der die Vorlande unseres Gebirges im Jahre 1498 durchreiste, rühmt an diesem die Fülle mannigfaltigen Erzes, die mit Taxus und Fichte geschmückten Höhen, die dunkelschattigen Thäler, die rauschenden, jählings durch die Felsen herabstürzenden Gießbäche, wodurch die matterleuchtete Gegend das Ansehen der Unterwelt gewönne.

„Vom Harz der Fichte" leitet Celtis den Namen unseres Waldgebirges ab, und noch Johann Rauws spricht's hundert Jahre später ihm nach. Aber wenn sie hierin auch irren, strömt uns nicht aus dem Worte „Harz" gleichsam der würzige Duft der unabsehbaren Nadelwälder erfrischend entgegen, hören wir nicht bei seinem Klange gleichsam das geheimnisvolle Rauschen und Flüstern der weithin schauenden Wipfel unserer „nordischen Palme"? Und die Töne der Schwarzdrossel und ihrer sangeskundigen Schwestern klingen melancholisch darein, und über die klaren, blinkenden Teiche hallt leise und feierlich wie aus „verlorener Waldkirche" das harmonische Geläut der friedlich weidenden braunen Rinderherden herüber, und der Gießbach stimmt murmelnd ein in den Abendpsalm. Und wenn die Schwingen des Waldes ruhen und die Töne mählich verklingen und nur noch die Saiten des Herzens andächtig nachzittern, und der letzte Sonnenstrahl, der so eben noch hier die grüne Nacht des Hochwaldes zu durchdringen sich bemühte, dort auf dem weichen, dichten Moospolster und den dichtgedrängten, losen Farnwedeln neckisch spielte, scheidend erlischt — dann erheben Sage und Märchen ihr Haupt. Schaut hier nicht König Hübich Gaben verheißend aus dem Felsenspalt, schreitet dort nicht der Bergmönch mit flackerndem Grubenlicht hinter dem ältesten der Baumriesen hervor? Und das zottige Flechtengewirr an den Zweigen und die knorrigen, weit hervorragenden Wurzeln nehmen gar seltsame Gestalten an, und wie ein Geisterhauch fliegt's durch die Kronen.

Wohl .ist die Rottanne oder Fichte dem Harze nicht ausschließlich eigen, aber es gibt in Deutschland kaum ein zweites Gebirge von gleicher Höhe, in dem ihre Herrschaft so wenig beschränkt wird; und mindestens dem Westharz, seinen hohen Bergen

diese kleinen Siedelungen — in den unabsehbaren grünen Teppich gewobene Blumen — zu der Höhe herauf, von der wir Umschau halten, und fesseln unsere Augen.

Und wie ganz anders rollt das Bild sich ab, wenn wir unsern Fuß rüstig wandernd gen Osten setzen. Sind wir denn wirklich im Gebirge? Kein Bergzug umrandet die Ebene, versteckt und verdeckt liegt selbst der Vater Brocken, der sonst nach allen Seiten seine Grüße versendet; kein Gießbach schäumt, fast unhörbar und in Mäanderschlingen schleichen träge die Bäche

Abb. 3. Kaiserhaus in Goslar.
(Nach einer Photographie von F. Rose in Wernigerode.)

und tiefen Thälern prägt sie durch ihre dunklen, lang hinziehenden Massen, in denen der einzelne Baum gleichsam untergeht, den eigenartigen Charakter auf.

Den Inseln gleich im grünen Waldmeere liegen, weithin, doch nicht planlos verstreut, große und kleine Wiesenfluren und inmitten einer jeden, meist der Form und dem Zuge des Thales sich anschmiegend, die Bergstädte und oberharzischen Ortschaften, auf den kleinsten Eilanden wenigstens ein Forsthaus, oder ein Zechenhaus oder eine Mühle. Längst hat der rote Ziegel die schwärzlich graue Holzschindel verdrängt, und mit frischen Farben leuchten

vorüber. Nur die kärglich bestandenen Fluren mit ihren sich verspätenden Saaten und die in der Ferne sich kräuselnden Rauchwolken, die einem Hüttenwerke entstammen müssen, heben unsere berechtigten Zweifel.

Doch weiter! Bald ist sie überwunden — diese Einförmigkeit der unterharzischen Hochebene, die doch niemals zur Langweiligkeit ausartet, vielmehr dem Wanderer nur einige Stunden ruhiger Beschaulichkeit gewährt und sein Gemüt vorbereitet zu rechter Würdigung und zu vollem Genusse des Kommenden.

Mählich beginnen die Thäler sich einzuschneiden und die buchenbestandenen Höhen-

züge zu wachsen; die kleinen Flüßchen bekommen Leben, und nicht lange, so erhält
das anmutige Hügelgelände überzeugend
den wirklichen Gebirgscharakter. Berg türmt
sich auf Berg, wunderliche Felsgebilde
steigen empor und recken sich höher und
höher, um hier in die schwindelnde Tiefe
mit ihrem brausenden Bergstrom, dort wie
eine Gefahr dräuende Riesenburg weit hinaus zu schauen in die blühenden Vorlande.

Hart dem Saume des Gebirges folgend,
reihen sich hier blühende Städte, rührige
Flecken und schmucke Dörfer zu einem lieblichen Kranze. Wo auch nur ein Fluß
oder Bächlein aus dem Harze heraustritt,
da haben — gerade an diesem Austrittspunkte — unsere Vorfahren mit Verständnis einst ihre Wohnungen aufgeschlagen
und von hier aus nach dem Vorbilde eines
Klosters, unter dem Schutze einer Burg
den Kampf mit der Wildnis aufgenommen,
und unermüdlich die blanke Axt schwingend
dem Urwalde die fruchtbaren Fluren abgerungen, auf denen sich jetzt der goldige
Weizen mit schwerer Ähre im Winde wiegt
und die gehaltvolle Zuckerrübe reichen Ertrag gewährt.

Nur spärlich ist die Zahl der Urkunden,
welche aus jener Zeit berichten, wo dieser
engste Saum von Ortschaften, von denen
dann allmählich unternehmende Pioniere
in den inneren Harz eindrangen, um unser
Gebirge gelegt wurde, und vielfach verstummt sogar verschämt die sonst selten
verlegene Sage. Aber die Städte und
Ortschaften selbst tragen in ihrem Namen
eine untrügliche Inschrift, ein unauslöschliches Merkmal der Zeit ihrer Entstehung.

II.

Geographischer Überblick.

Das Harzgebirge liegt zwischen 51°
28,5′ und 51° 51′ nördl. Breite und
zwischen 10° 10′ und 11° 26′ östl. Länge
von Greenwich und hat die Gestalt einer
von West-Nordwest nach Ost-Südost gerichteten unvollständigen Ellipse, deren
Brennpunkte auf den 1142 Meter hohen
Brocken und den 595 Meter hohen Ramberg fallen; und deren lange Achse, welcher
der nordöstliche Rand als Sehne parallel
läuft, zwischen Hahausen und Hettstedt
95 Kilometer lang ist, während ihre größte

Breite (vom Südwestrande bis zur Sehne)
34 Kilometer beträgt.

Am imposantesten wirkt der Harz von
Norden gesehen. In scharfer Markierung,
ohne vermittelnden Uebergang steigt er
mauerartig auf der etwa 25 Kilometer
langen Strecke von Harzburg bis Hahausen
aus dem Vorlande auf. Die Luftlinie
zwischen der bei 256 Metern liegenden
Grenzlinie und den diese um die doppelte
Meereshöhe überragenden Bergspitzen beträgt noch nicht 1 Kilometer; zwischen den
Hüttenorten Oker und Langelsheim kulminieren der Abenberg bei 538 Meter,
der Hahnenberg bei 520 Meter, der Gelmkeberg bei 538 Meter, der Steinberg bei
479 Meter und der Nordberg bei 455 Meter;
ja der Rammelsberg und der Herzberg,
die den unmittelbaren Hintergrund Goslars
bilden, erheben sich sogar zu 635 und
638 Meter. Den vollen, überwältigenden
Eindruck eines völlig geschlossenen Gebirgs

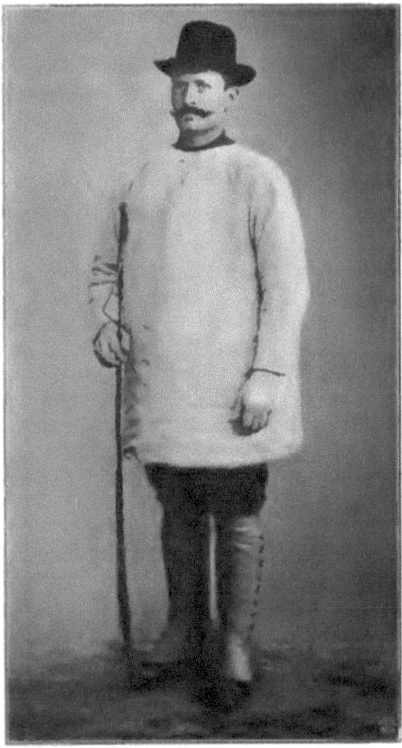

walles macht dieser Rand indes nur aus der Ferne; von den austretenden Flüssen und Bächen (Radau, Oker, Gose, Grane, Varley, Töllebach und Innerste) außerordentlich stark zerschnitten, löst er sich in der Nähe in Einzelberge auf.

Im Westen prägt sich die Gebirgsgrenze von Hahausen bis Lauterberg in einem Thale, das der Zechsteinbildung angehört, deutlich aus. Von großer landschaftlicher Schönheit ist es besonders in der Gegend von Osterode und Herzberg, wo die schneeweißen Felsen des Gipszuges, der den Thalrand auf der ganzen Strecke zur Rechten begleitet, im wirkungsvollen Gegensatze zu den weniger steil abfallenden grünen Harzbergen aus dem Thale, in dem sich die wassergefüllten Erdfälle der Teufelsbäder aneinander reihen, bis zu 100 Meter jäh emporsteigen.

Von Lauterberg über Walkenried bis Questenberg folgt die Grenze, noch erkenn-

bar, aber weniger scharf hervorgehoben, dem Laufe der Helme, wird dann aber, bis Mansfeld, durch die sich unmittelbar an das Gebirge anschließende „Thüringer Grenzplatte", einen in südöstlicher Richtung bis zur Unstrut laufenden Höhenrücken mit flachgerundeten Gipfeln, fast völlig verwischt. Von Mansfeld ab bis Harzburg bezeichnen die Orte Hettstedt, Ballenstedt, Thale, Blankenburg, Wernigerode, Ilsenburg die Grenze in überall deutlich erkennbarer Ausprägung.

Der Südrand, der mit 267 Meter mittlerer Meereshöhe den Nordrand um etwa 11 Meter — der in Deutschland allgemein geltenden Regel entsprechend — übertrifft, hat seine größte relative Höhe in dem die Wasserscheide zwischen Weser und Elbe bildenden Höhenrücken bei Osterhagen, von dem der Rand fast gleichmäßig nach Westen (Seesen 204 Meter) und Osten (Riestdorf 178 Meter) abfällt.

Abb. 7. Klausthal.
(Nach einer Photographie von Fr. Zirkler in Klausthal.)

Abb. 8. Zellerfeld.
(Nach einer Photographie von Fr. Zirkler in Klausthal.)

Der ganze so umrandete Harz bedeckt eine Fläche von 2468 Quadratkilometer und ist demnach genau so groß wie das Herzogtum Sachsen-Meiningen und fast doppelt so groß wie Sachsen-Altenburg. Wenn man das Gebirge auf dieser Grundfläche einebnen könnte, so würde man die mittlere Höhe von 442 Meter erhalten.

Man hat den Harz einen einzigen Berg mit verschiedenen Köpfen und Thalfurchen genannt; und dieser Vergleich ist auch nicht ganz unzutreffend. Aber auf den Sockel dieser scheinbar ununterbrochenen Bergwand ist — wie ein Blick aus der nördlich sich vorlagernden Ebene zeigt — im Westen die Granitmasse des Brockens als ein zweites, fast ebenso hohes Gebirge und im Osten der kleine Ramberg-Kegel gestellt; und auf der Hochebene von Klausthal oder auf dem Aussichtspunkte der Schalke tritt auch der Bergzug des „Langen Ackers" (jetzt Acker-Bruchbergs) als bedeutende Überragung klar neben dem scheinbar nicht viel höheren Brockengebirge ins Auge. Sollte aber der Vergleich mit einem einzigen Berge den Trugschluß auf langweilige Einförmigkeit nahelegen, so belehrt uns der umfassende Rundblick vom Brocken auf die von immer tiefer werdenden Furchen und Flußthälern zerschnittenen Hochebenen des Ober- und Unterharzes eines Besseren.

Unter dem Oberharz versteht man den höheren westlichen, unter dem Unterharz den allmählich an Höhe abnehmenden östlichen Teil des Gebirges. Aber die Grenze zwischen beiden steht keineswegs von vornherein fest. Daß dabei die vormalige Praxis der hannover-braunschweigischen Bergbehörden, nach welcher mit dem Unterharze die Gegend von Goslar, Oker, Gittelde gemeint war, völlig außer Betracht zu bleiben hat, liegt auf der Hand. Doch auch nach Flußgebieten läßt jene sich nicht angeben, denn die dem Elbegebiet angehörende Bode entspringt auf dem Brockenfelde, der höchstgelegenen Hochebene des Gebirges. Ohne uns in den — übrigens bedeutungslosen — Streit weiter einzulassen, wollen wir unter dem Oberharz das ganze Brockengebirge samt dem Brockenfelde, die im Mittel 580 Meter hohe Hochebene von Klausthal mit ihren Randbergen und der Bruchberg-Kette und das Andreasberger „Dreieck" verstehen; und den Unterharz, der in seinem westlichen Drittel noch gleich jenem vorwiegend mit Fichtenwald bedeckt ist, in das Bode- und das Selkeplateau einteilen.

III.

Geologische Übersicht.

Von den Randgesteinen abgesehen, die den deutlich begrenzten Gebirgskern mantelartig umgeben, besteht das Massiv des Harzes zum bei weitem größten Teile aus sedimentären, zum kleineren aus eruptiven Gesteinen.

Die Sediment- oder geschichteten Gesteine — sie heißen auch paläozoische d. i.
alttierische — welche sich, die erste, ursprüngliche Grundlage für unser Gebirge bildend,
aus den trüben Fluten des noch alle Lande
bedeckenden Meeres als Schlamm, Sand
und Kies horizontal oder in geringer
Neigung niederschlugen, ablagerten und erhärteten, gehören im Westharze dem Devon-,
im Ostharze vorwiegend der Kohlenformation an. Die devonische Bildung kommt
im Harze in allen ihren Niveaus, als
Unter-, Mittel- und Ober-Devon vor.

Von dem Unter-Devon hat man in
neuester Zeit die ältesten Schichten abgetrennt und dieser Gruppe den Namen
Obersilur zuerkannt. Es sind dies namentlich die Graptolithenschiefer bei Lauterberg,
Wernigerode, Harzgerode, Treseburg und
der feste, feinkörnige und helle Quarzit,
aus dem der Rücken des Bruchberges und
des Ackers besteht.

Dem Unter-Devon gehören zum größten
Teil die „Unteren Wieder-Schiefer" —
harte Schiefer mit eingelagerten Kalk-
linsen — und ähnliche Schiefern bei
Zorge, Harzgerode und Mägdesprung, sowie der „Hauptquarzit" des Unterharzes,
die sich südöstlich an den Oker-Bruchberg
anschließenden Quarzite und neben sandigen
Schiefern des Rammelsberges, der nach
seinen zahlreichen Versteinerungen, den zu
den Armfüßern gehörenden Spiriferen oder
Windungsträgern benannte Spiriferen-
Sandstein an, welcher die Berggruppe
zwischen Oker und Innerste, also den
Rammelsberg, den Kahlenberg und Bocksberg, die höchsten Kuppen der Klausthaler
Hochebene, bildet.

In das Mittel-Devon rechnet man
außer einem Teile der Wieder-Schiefern
(bei Hasselfelde, im Selkethal) besonders die
„Wissenbacher" (oder Goslarer) und die
Calceola-Schiefer. — Die Calceolaschichten,

Abb. 9. Marktkirche in Klausthal.
(Nach einer Photographie von Fr. Zirkler in Klausthal.)

welche sich eng an den Spiriferen-Sand-
stein anschließen und sich durch ihren großen
Reichtum an Petrefakten auszeichnen (Leit-
muschel Calceola sandolina, gemeine Pantoffel-
muschel) finden sich zwischen Oker und Innerste in schmalen Säumen, in Mulden und
in sattelförmigen Hervorragungen. Die
auf ihnen folgende Zone der Goslarer
Schiefer ist von hervorragender Bedeutung:
nicht nur werden die härtesten dieser blau-
oder grauschwarzen, dichten Thonschiefer
als Dachschiefer benutzt, sondern es ist
ihnen auch das berühmte, trotz fast tausend-
jährigen Betriebes noch immer nicht er-
schöpfte Erzlager des Rammelsberges ein-

Das Ober-Devon ist in seiner unteren,
älteren Zone vorwiegend Intumescenskalk,
in seinen oberen, jüngeren Schichten Cypri-
dinenschiefer. Jener ist nach der zu den
Ammonshörnern gehörenden Goniatites in-
tumescens, dieser nach dem Muschelkrebs be-
nannt. In die Intumescensstufe gehört
vor allem der völlig ungeschichtete Massen-
kalk des höhlenreichen Jberges und Winter-
berges bei Grund, eines Korallenriffes mit
dem reichsten Schatze von Versteinerungen,
und der „Jberger Kalk" der Elbingeroder
Mulde mit den berühmten Rübelander
Höhlen. Auch die schwarzen Kalke (mit
Cardiola angulifera) am Wasserfallfelsen bei

Abb. 10. Doppelthaler vom Jahre 1688.
(Oberharzer Museum.)

geschaltet. — Mitteldevonisches Gestein findet
sich auch in dem Zuge, welcher — wegen
der in ihm auftretenden Diabase und Rot-
eisensteine meistens als Diabas- (Grün-
stein-) oder Eisensteinszug bezeichnet —
von Osterode bis über Altenau hinaus in
gerader Linie als 400 Meter breiter
Streifen verläuft. Es steht den Wissenbacher Schiefern gleich und wird von
Tentakuliten-Schiefern überlagert.

Die jüngsten Schichten des Mittel-Devon
sind die durch reiche Eisensteinslager ausgezeichneten Stringocephalenkalke (Leit-
muschel Stringocephalus Burtini, Burtins
Eulenkopf) der Elbingeroder Mulde, die
auch in dem soeben genannten „Eisensteins-
zuge" zwischen Herzberg und Altenau auf-
treten.

Romkerhalle, am Kellwasser u. s. w. gehören diesem unteren Niveau an. — Cypri-
dinenschiefer finden sich u. a. im Diabas-
zuge der Klausthaler Hochebene, und als
Clymenienkalk bei Lautenthal, am genannten Wasserfall, bei Mägdesprung u. a. O.

Die nicht devonischen Schichten des
Oberharzes gehören dem Karbon (der
Kohlenformation) an, für den der englische
Lokalname Kulm hier zuerst in Anwendung
gebracht ist. Seine unteren Schichten bestehen aus Kiesel- und Posidonienschiefern,
seine oberen aus Grauwacke.

Die Kieselschiefer, meist grau oder schwärzlich, vom Messer nicht ritzbar, S-förmig
gestaucht und gefaltet, finden sich in geringer Mächtigkeit in der Gegend von
Lautenthal und im mehrgenannten Diabas-

zuge, vielfach im Wechsellager mit hellem Wetzschiefer, schwarzem Alaunschiefer und (z. B. am Lerbacher Hüttenteiche) bunten, rotgrünen Adinolen (Bandjaspis). Die Charakter=Versteinerung Posidonia Becheri (Bechers Poseidon=Klaffmuschel), die den mit den Kieselschiefern unmittelbar verknüpf=

stücken von Gangquarz, Kieselschiefer und Thonschiefer sowie Feldspat= und Kalkspat= körnern in ein thonig=sandiges Bindemittel gebettet sind. In der Gegend von Grund haben diese Bestandteile, unter denen sich Granit= und Porphyrgerölle nichtharzischen Ursprungs finden, oft Faustgröße. Die

Abb. 11. Wildemannthaler von 1665.
(Oberharzer Museum.)

ten, doch auch — in zwei breiten Zonen zwischen Schulenberg und Laubhütte — unabhängig auftretenden eigentlichen „Po= sidonienschiefern“ eignet, findet sich nicht selten auch in jenen. Vereinzelt (z. B. zwischen Hübichenstein und Jberger Kaffee=

pflanzlichen Versteinerungen, unter denen neben undeutlichen kohligen Blattabdrücken namentlich die Calamiten (baumartige Schach= telhalme) vertreten sind, kommen nur spo= radisch, von tierischen nur die Posidonien= muschel ganz vereinzelt vor. Als Bau=

Abb. 12. Ausbeutethaler von 1685.
(Oberharzer Museum.)

haus) sind schwärzlich=graue Kalke einge= lagert, die gleichfalls dem unteren Kulm angehören.

Dagegen nehmen die Kulm=Grauwacken, die jüngsten Schichten des Kerngebirges, am Tage große Flächen ein. Im frischen Zustande blaugrau, durch Verwitterung rostbraun, auch rot, besteht dieses meist in dicken Bänken abgelagerte Gestein im wesent= lichen aus Sandkörnern, die nebst Bruch=

stein — namentlich bei Klausthal — schön zu bearbeiten, liefert die Grauwacke in den großartigen Steinbrüchen bei Wildemann treffliche Pflastersteine.

Dem gleichen Niveau wie die von erz= reichen Gangspalten durchsetzte Oberharzer Grauwacke gehören die Tanner und Elbinge= roder Grauwacke, sowie die „Zorger Schie= fer“ an.

*   *   *

Zu Ende der Kulmzeit wurden die bis dahin vom Meere bedeckten paläozoischen Sedimente in Mitteleuropa zu einem gewaltigen Kettengebirge zusammengeschoben, dessen Falten sich vom Centralplateau Frankreichs durch ganz Deutschland, wo sie um das böhmische Gebirgsviereck in einem gegen Norden konvexen Bogen herumliegen, bis nach Rußland verfolgen lassen.

Darum hat der Harz wie der Thüringer Wald und das rheinisch-westfälische Schiefergebirge, deren ursprünglicher Zusammenhang erst allmählich durch die „abradierende" Thätigkeit des Meeres und durch wiederholte Abbrüche aufgehoben wurde, „niederländisches Streichen" d. i. seine Schichten haben die Richtung von Südwest nach Nordost Dieses Zusammenschieben

spülten Wogen und Brandung die trocken gelegten Massen, bis diese zusammenstürzten, zertrümmerten und zerrollten dann die Brocken zu Kies und Schlamm, füllten damit die bei der Faltung entstandenen Vertiefungen aus und bildeten fast ebene „Abrasionsflächen". .

Man nennt diese aus Konglomeraten von Harzgesteinen bestehende Ausfüllung der Mulden das untere Rotliegende. Am stärksten entwickelt ist diese Formation in der Grafschaft Mansfeld, wo sich zwischen ihr mächtige zu Mühl- und Bausteinen geeignete thonige Sandsteine finden, in der Gegend von Ilfeld, wo sie hoch in das Gebirge hinaufsteigt, und im Ermsleber Becken; doch umzieht sie, mehrfach unterbrochen, auch über Lauterberg den Harz

Abb. 13. Andreasthaler von 1726.
(Oberharzer Museum.)

der erhärteten Sedimente geschah durch settlichen („tangentialen") Druck und konnte nicht anders, als unter Faltung, Zerreißung und Aufrichtung, selbst Kippung der Schichten geschehen. In die entstandenen Spalten und Risse ergossen sich die sogenannten prägranitischen Eruptivgesteine, besonders Diabas, auch Kersantit und gewisse Porphyre, die feuerflüssig aus dem Innern emporquollen. So ist es auch zu erklären, daß der „Grünstein" des Diabaszuges zwischen Osterode und Altenau trotz seiner deckenartigen Ausbreitung stets der Richtung der Schichten folgt und an deren späteren Knickungen und Verwerfungen teilnimmt.

Das Harzgebirge sah damals nur wenig und nur in seinen bedeutend emporgehobenen Teilen aus dem Meere hervor. Dieses begann nun seine „abradierende" Thätigkeit: wie es noch heute an felsiger Meeresküste geschieht, zernagten und unter-

bis Hahausen. An drei Stellen, bei Meisdorf und Opperode östlich von Ballenstedt, bei Grillenberg in der Nähe von Wippra und bei Sülzhain-Ilfeld-Neustadt enthält sie auch dunkle Schieferthone und wenig ($^3/_4$ — $1\,^1/_2$ Meter) mächtige Steinkohlen.

Die Eruptionen dauerten fort. Zunächst entquollen, die Sedimente gewaltsam durchbrechend, dem Innern des noch immer mit Wasser bedeckten Harzes, besonders nördlich von Ilfeld, Ströme schwarzen Melaphyrs und ergossen sich über die unteren Schichten des Rotliegenden; ihnen folgte, weithin alles bedeckend, feuerflüssiger grauer Porphyr, der zum Teil auch in den darüber lagernden mächtigen postporphyrischen Konglomeraten als Geröll noch erhalten ist. Vielleicht sind zur selben Zeit — jedenfalls nach der Kulmperiode und nach der Entstehung des Diabases — die Porphyrmassen aufgestiegen, welche die fast parallelen, von Nord nach Süd streichenden Gangspalten des Kerngebirges zwischen Ilfeld und Wernigerode und Diabaszüge nach ihrer Faltung ausfüllten und durchsetzten; höchst wahrscheinlich auch die gewaltigen Ströme von Quarzporphyr, deren Reste wie im Auerberge bei Stolberg

nur oberflächlich abgetrennte Partie des Brockengranits.) Die vom Hexentanzplatz auslaufenden Apophysen („Auswüchse", Ausläufer), denen das Brockenmassiv bei Hasserode kleinere Gänge derselben Facies entgegensendet, lassen keinen Zweifel darüber, daß der Granit erst nach der Faltung des

Abb. 14. Apotheke in Zellerfeld.
(Nach einer Photographie von Fr. Zirkler in Klausthal.)

und in der Gegend von Lauterberg (Knollen, Ravenskopf) erkennen, wo einzelne Gänge eine Mächtigkeit von 20 Meter und eine Länge von 11 Kilometer erreichen.

Ebenso jung ist der Granit, den man einst für das eigentliche Urgestein unseres Planeten hielt. Er tritt in zwei großen Massiven auf: Ramberg-Bodethal und Brocken-Okerthal. (Der Okergranit ist eine

Gebirges und später als der Diabas emporgequollen ist. — Rings um beide Granitmassen sind durch die schnellere Abkühlung und Erstarrung der feuerflüssigen Ströme die Sedimentsteine in der Weise verändert, daß sie sich durch krystallinische Beschaffenheit und massige Struktur, größere Härte und muschligen Bruch von den gleichnamigen nicht veränderten Gesteinen unterscheiden. Durch diese „Kontaktmetamorphose" sind

ber Hornfels und seine Verwandten ent=
standen.

* * *

Nach diesen Ergüssen und Bildungen,
die in die lange Periode des Rotliegenden
fallen, erfolgte in dem größten Teile
Deutschlands eine allgemeine Senkung der
Erdrinde. Das Meer, welches über dem
Harze flutete, wurde somit tiefer und lagerte
seinen Schlamm gleicherweise auf den ab=
radierten Ebenen der alten Sedimente, wie
auf den in den Becken und Mulden neu
entstandenen Geröllmassen des Rotliegenden
ab. Bei ihrer Erhärtung bildete diese
neue Ablagerung Zechstein und Kupfer=
schiefer. Diese stets zusammen auftretenden
Schichten — die mit dem Rotliegenden
auch Perm heißen — umziehen den ganzen
Südrand des Harzes von Hahausen bis in
die Grafschaft Mansfeld, doch hat sich bis
jetzt nur in dieser, wo Silbererze die vom
Schiefer eingeschlossenen Kupfererze begleiten,
das Flöz bauwürdig erwiesen. Die oberen
Schichten der „Zechsteinformation" bestehen
aus Anhydriten und Gipsen, die besonders
aus dem an Höhlen und Erdfällen reichen
Zuge bekannt sind, der — vielfach pitto=
reske Felspartieen bildend — den Südrand
des Harzes von Badenhausen bis Sanger=
hausen mauerartig umwallt; ferner aus
Dolomiten und Letten; und auch die bis
1000 Meter mächtigen Steinsalze und die
darüber lagernden Kalisalze, deren Abbau
im letzten Jahrzehnt mit regem Eifer be=
gonnen hat, gehören noch in diese Forma=
tion. —

Die Bildung der Bergzüge und Hügel=
reihen, welche den Harz im Norden mantel=
artig umziehen, und die Ausfüllung der
von da in das Gebirge eingreifenden Thäler
ist in den nun folgenden drei geologischen
Perioden der Trias=, der Jura= und der
Kreideformation erfolgt.

Die Trias (d. i. bunter Sandstein,
Muschelkalk und Keuper) legen sich band=
förmig von Hahausen bis Gernrode in der
Weise um den Nordrand, daß der Sand=
stein — dem die Solquelle bei Harzburg
entspringt — und der Keuper, der meistens

Abb. 15. Erzstoß im Burgstätter Hauptgang.
(Nach einer Photographie von Fr. Zirkler in Klausthal.)

Abb. 16. Hahnenklee, vom Bocksberg gesehen.
(Nach einer Photographie von F. Rose in Wernigerode.)

als Letten und Mergel auftritt, die Thäler, der Muschelkalk die — später umgekippten — Höhen bildet. (Am Südrande liegen die Trias wegen der Breite der Zechsteinformation weit ab vom Gebirge.) — Der Jura kommt nur in dem Busen des Schiefergebirges zwischen Langelsheim und Harzburg und in der Nähe von Quedlinburg vor; seine Liasschichten liefern der Harzburger Hütte schönen Roteisenstein. — Die Kreide, mit ihren unteren Schichten, Hils und Gault, bis Harzburg, mit jüngeren bis Ballenstedt reichend, führt in der unteren Lage des Gault guten Quadersandstein, der vor dem Breitenthor vor Goslar den zu einer Kapelle ausgehöhlten Felsen der Klus bildet und am angrenzenden Petersberge zur Anlage eines großartigen Steinbruchs Anlaß gegeben hat. Den Schichten der senonen Kreide gehören der durch seinen Reichtum an Petrefakten ausgezeichnete Sudmerberg bei Goslar und die Quadersandsteinreihe Regenstein-Teufelsmauer an.

Die Tertiärformation (Braunkohlenbildung) ist nur ganz schwach am Harzrande vertreten. —

Zur Zeit, als Trias, Jura, Kreide und Braunkohlen sich nacheinander ablagerten, war der Harz noch völlig vom Meere bedeckt. Hätte er auch nur teilweise soweit aus den Fluten hervorgeragt, daß eine

Brandung entstehen konnte, so müßten sich Gerölle vom Harzgestein, von Grauwacke, Kieselschiefer u. s. w. in jenen vier Formationen finden. Dem ist aber nicht so. Sie sind eben keine Strandbildungen, sondern genau so zusammengesetzt, wie die in größerer Entfernung vom Harze in ganz Norddeutschland vorhandenen gleichnamigen Gesteine, also Ablagerungen aus flacherem oder tieferem Wasser. Vereinzelte Stückchen Kieselschiefer, welche in der oberen Kreide am Sudmerberge vorkommen, können einesteils aus dem Rotliegenden stammen, andernteils gleichen sie nicht im geringsten dem Schutt, den heutzutage die Flüsse vom Harze hinunterspülen. Und kleine Bröckchen Kieselschiefer, welche sich in der Gegend von Gittelde im Miocän (der mittleren Stufe der Tertiärgebilde) finden, werden aus dem rheinischen Schiefergebirge stammen, da ihre Häufigkeit in der Richtung auf Kassel stetig zunimmt.

Wie am Rande, so müssen sich auch auf dem unter den Wellen liegenden Gebirge selbst die mesozoischen Schichten (welche Tierreste enthalten, die den noch jetzt vorhandenen sich annähern, also Trias, Jura u. s. w.) nacheinander abgelagert haben. Diese mesozoische Decke aber mag in Bewegung gekommen und teilweise fortgespült sein, als der Harz, ohne vorerst noch aufzutauchen, sich zu heben begann. Auf diese Weise sind vielleicht die mesozoischen Geröalle in das „Hilskonglomerat" des unteren und in das „Sudmerbergkonglomerat" und das „Heimburggestein" der oberen Kreide gekommen. Jedenfalls aber ist seine Decke ganz fortgespült und weggewaschen, als der Harz sich mählich aus der Flut erhob.

Dies geschah am Ende der Miocänzeit, zu derselben Zeit, als die Göttinger und Kasseler Berge, der Meißner, die Rhön und fast alle andern Gebirge emporstiegen und auftauchten. Infolge eines Druckes, der „tangential", in der Richtung der kurzen Achse unserer Gebirgsellipse, also von Südsüdwest nach Nordnordost, wirkte, bauchte und wölbte sich der Harz allmählich auf, die Gesteinsschichten rissen und spalteten dabei senkrecht zur Druckrichtung, also parallel der langen Achse, und brachen in bajonettartig absetzenden Linien von den Vorlanden ab. Die Wirkung dieser Pressung ist verschieden: während die Schichten am Südrande nur eine Aufbauchung von etwa 20° aufweisen,

Die Überkippung der bei der Zusammenschiebung der Schichten entstandenen Falten hatte auch den (inneren) Bruch derselben und das Hinüberschieben des einen Flügels über sein Liegendes zur Folge: die älteren übergeschobenen Schichten sind jüngeren Bildungen aufgelagert. Diese Überschiebungen, die also nur aus übergekippten Falten hervorgehen können, nennt man Faltenverwerfung. Sie ist besonders bei den sogenannten Ruscheln, schmalen Gesteinsklüften im Innern des Gebirges, die meist mit Gangthonschiefer ausgefüllt sind, klar zu ersehen; hie und da beträgt die Höhe der Verschiebung kaum ein Meter, andernorts aber (am Devonzuge) wenigstens mehrere hundert Meter.

Mit ihnen dürfen die vormals offenen Spalten nicht verwechselt werden; diese sind jünger, denn sie werden von den (innern) Klüften der Ruscheln in der Richtung abgelenkt.

Die Spaltenverwerfung umfaßt also ein zweites System von Störungslinien. In den „Spalten", die sich mehrfach bis in die Vorlande verfolgen lassen, lagerte das

Abb. 17. Hirt.
(Nach einer Photographie von Fr. Zirkler in Klausthal.)

ist im Norden die ehemalige Oberfläche der Kernschichten samt dem darauf gelagerten Zechstein u. s. w. ganz steil aufgerichtet, ja nach Westen sogar übergekippt. Und ebenso ist der massige Granit dem Nordrande näher als dem Südrande in die Höhe gepreßt. Vielleicht wirkte der Druck, der den Harz zum heutigen Gebirge umwandelte und zurecht schob, von Süden; wahrscheinlich war aber schon damals, was zur Erklärung ausreicht, die Erdoberfläche den Südrand entlang höher als im Norden.

einsickernde Wasser neben Quarz, Kalkspat und andern Gesteinen namentlich die wertvollen Erze ab und schuf sie dadurch zu „Erzgängen" um; und wo der Hohlraum nicht ganz gefüllt ward, bildeten sich Quarz- und Erzdrusen mit ihren oft prachtvollen Krystallen.

Eine spätere entgegengesetzte Aufbauchung des Harzes in der Richtung der großen Achse — also von Südost nach Nordwest, durch welche die Schichten auch in der Richtung der kurzen Achse zerrissen und gespalten

wurden, so daß nun die einzelnen Schol-
len oft in unregelmäßig viereckigen Stücken
mosaikartig verschoben nebeneinander liegen
— scheint auch durch Bildung der Thalfurchen
den Flüssen und Bächen den Lauf vorge-
zeichnet zu haben. Es wäre sonst auffällig,
daß das Gebirge die Flüsse nicht auf beiden
Ufern gleichweit begleitet. Daß sich diese
Spalten auch in den dem Harze vorgelagerten jüngeren Gesteinen unterirdisch fortsetzen, beweisen die mächtigen Quellen bei
Altwallmoden und Baddekenstedt, die unzweifelhaft das bei Langelsheim teilweise
versiegende (d. i. in die Tiefe fallende)
Wasser der Innerste — doch auch das damit verbundener Nebenspalten, denn nach
Abteufung der Kalischächte hat es an Rein-
heit eingebüßt — in gewaltigen Massen
wieder zu Tage fördern.

Während durch die schwache, aber stetige
Arbeit des Minerallösungen einführenden
Wassers die Klüfte, Gänge und Spalten
bis auf die Drusenräume immer wieder
verkittet und ausgefüllt wurden, erweiterte
es, oft bachartig auftretend, die weit klaffen-
den Hohlräume im Kalk und Dolomit, in
Gips und Steinsalz durch seine auflösende

Eigenschaft zu großen Höhlen, füllte diese
mit Lehm und schmückte ihre Wandungen
in späteren Zeiten, als das Gebirge sich
weiter gehoben hatte, mit den wundersamen
Tropfsteingebilden. Auch die sogenannten
Gletschertöpfe beim Iberger Kaffeehause,
schlotartige Vertiefungen, sind wohl — ähnlich wie die Erdfälle — auf diese auflösende, nicht auf die mechanische Thätigkeit
des Wassers zurückzuführen und als „geo-
logische Orgeln“ anzusprechen. Grundmoräne
und Moränenschutt, die Gletscherprodukte
im Flachlande, fehlen auf dem Harze; die
Geschiebe nordischer Gesteine, welche sich auf
der Hochfläche des Unterharzes finden, waren
vermutlich in Eisberge eingefroren, welche
die Fluten der Eiszeit hierher wälzten.

Auch an der Umwandlung, der „Meta-
morphose“ der Gesteine ist das sickernde
Wasser stark beteiligt. Es löste die Kiesel-
säure der Eruptivgesteine und „verkieselte“
die mit diesen im „Kontakt“ stehenden
Sediment- und Kulmschichten; wo Kalk in
den Gesteinen war, bildete es „Silikate“
— Granaten und „Katzenaugen“ und
andre — und neben Diabas und Schalstein
verwandelte es den Kalk in Eisenstein.

Abb. 18. Wildschweine im Winter.
(Nach einer Photographie von J. Rose in Wernigerode.)

Finden sich in den erwähnten Moränen des Flachlandes große Massen von Harzgesteinen, die es beweisen, daß schon in jener Zeit der Harz soweit als Gebirge hervorragte, daß seine Flüsse Gerölle hinunterführen konnten, so verstärkte eine letzte Heraushebung des Harzes, deren Zeitpunkt wir nicht kennen, diese Wirkung des Wassers bedeutend, denn nun wurden die Berge höher, die Schluchten und Thäler tiefer, das Wassergefälle bedeutender; und der bis heute dauernden Erosion verdanken wir den anmutigen Wechsel von Berg und Thal, der jedwedes Herz erfreut.

IV.

Das Klima.

Auf dem Brocken begann bereits im Jahre 1836 der Wirt Nehse mit meteorologischen Beobachtungen. Sie sind aber von seinen Nachfolgern nicht regelmäßig fortgeführt, die längste völlige Unterbrechung währte sogar neun Jahre, und die später von Postbeamten und Oberkellnern gemachten Beobachtungen lieferten kein zuverlässiges Resultat. Dagegen reichen die sachkundigen und regelmäßigen Beobachtungen in Klausthal, wo sich seit 1876 sogar zwei Stationen in verschiedener Meereshöhe befinden, bis 1854 zurück.

Das aus vierzigjährigen Barometerbeobachtungen gewonnene Mittel des Luftdrucks beträgt in Klausthal 710,51 Millimeter; seinen höchsten Stand behauptet das Barometer in den Monaten Juni bis September, seinen niedrigsten in den Monaten März, April, November und Dezember. Der Sonnenberg hat ein Jahresmittel von 692,92, der Brocken von 662,2, Nordhausen 741,76, Sangerhausen 747,85 Millimetern.

Das früher für Klausthal zu 6,2 °C angenommene Jahresmittel der Lufttemperatur sinkt bei Berücksichtigung der vierzig Jahre von 1856 —1896 auf 6,03°C, übertrifft also das von Stockholm (5,7 °C) nur um ein Geringes. Doch sind die Unterschiede der einzelnen Jahre beträchtlich: so hatte das Jahr 1872 eine Temperatur von 7,58 °C, das Jahr 1879 nur 4,41°C. Die größte Kälte wurde am 4. Januar 1894 mit — 21,80 ° C, die größte Wärme am 23. August 1892 mit 31,60 °C erreicht.

In der zweiten Hälfte der vierzigjährigen Beobachtungsperiode ist ein auffälliger Rückgang der Temperatur eingetreten. Während nämlich das Mittel der 10 Jahre von 1856 bis 1866 6,17°C, das der folgenden 10 Jahre 6,22°C betrug, erreichte es in den Jahren 1876 —1886 nur 5,87°C und in den Jahren 1887 —1896 nur 5,68 °C.

In dem vorletzten Abschnitt waren die Tage vom 25. bis 29. Juni mit einer mittleren Temperatur von 15,22 ° C, im letzten die Tage vom 25. bis 29. Juli mit einer mittleren Temperatur von 15,27 °C die wärmsten, während sich in der Zeit vom 11. bis 15. Januar mit einer mittleren Temperatur von —3,63° C in jenem, und in den Tagen vom 1. bis 5. Januar mit

Abb. 19. Waldarbeiter (Lerbacher Holzhauer).
(Nach einer Photographie von Fr. Zirkler in Klausthal.)

Abb. 20. Hochwild im Winter.
(Nach einer Photographie von F. Rose in Wernigerode.)

einer mittleren Temperatur von — 4,82⁰C in diesem Abschnitt die größte Kälte geltend machte. Der erste fünftägige Zeitabschnitt mit einer mittleren Temperatur unter 0⁰C fiel auf den 17. bis 21. November (27. November bis 1. Dezember), der letzte auf den 22. bis 26. März (12. bis 16. März). Klausthal hat also etwa 120 Tage mit einer mittleren Temperatur unter 0⁰ C.

Charakteristisch ist für das Klima des Oberharzes der jähe Wechsel der Temperatur an ein und demselben Tage. Beträgt der Unterschied zwischen dem Maximum und Minimum eines Tages im Sommer oft 20⁰ C, so ist er doch auch in den andern Jahreszeiten nicht unbedeutend. So stieg am 2. März 1877 die Temperatur von —13,81 um 7 Uhr morgens auf + 3,56 um 2 Uhr nachmittags und fiel wieder auf — 10,65⁰ C um 9 Uhr abends. Dem Oberharz ist ferner eigentümlich, daß sich hier die „drei gestrengen Herren" im Monat Mai nicht bemerkbar machen (so daß auf der Hochebene die Spuren der Nachtfröste, die in den Vorbergen den ersten Trieb der Laubbäume beschädigen, kaum zu sehen sind); und daß im Monat Dezember nach der ersten Frost-

und Schneeperiode fast regelmäßig eine Zunahme der Temperatur unter reichlichen Regengüssen eintritt. (So stieg z. B. im zweiten Drittel des Monats Dezember 1893 die Temperatur von — 0,20⁰ bis auf + 6,20⁰ und sank im letzten Drittel auf — 14,30⁰ C.) Diese „Weihnachtsflut" bringt den als Kraftspeicher für den Bergbau dienenden Sammelteichen sehr erwünschte Zuflüsse.

Das niedrige Jahresmittel von Klausthal ist keineswegs die Folge einer abnormen Kälte des Winters. Erreichten doch z. B. im Jahre 1883 Nordhausen und Braunschweig eine um 1,5⁰ und 3,9⁰ C größere Kälte, als jenes. Vielmehr hat das niedrige Jahresmittel seinen Grund in der langen Dauer des Winters und in der niedrigen Sommertemperatur. Auch der Vergleich mit Stockholm fällt ganz anders aus, wenn man statt des Jahresmittels die mittlere Temperatur der Jahreszeiten zu Grunde legt. Während diese in Stockholm auf — 3,31⁰ C sinkt und im Sommer auf 22,04⁰ C steigt, sinkt sie in Klausthal (nach vierzigjährigem Durchschnitt) nur auf — 1,79⁰ C und steigt nur auf + 14,14⁰C. Diese durch die Höhenlage bedingten Unter-

2*

schiebe erklären die sonst auffällige Thatsache, daß in Lappland, welches mit dem Brocken etwa gleiche mittlere Jahrestemperatur hat, noch Getreidebau getrieben werden kann, der im Harze schon auf der Hochebene von Elbingerode aufhört, daß hier dagegen noch Buche und Roßkastanie gedeihen, die nordwärts den kalten Winter schon des mittleren Schwedens nicht vertragen.

Mit dem 3,96° C betragenden Jahresmittel des Sonnenbergs (774 m) ist zugleich die Temperatur für die andern Einzelsiedelungen bis zum Brockenfelde — Königskrug, Oderbrück, Torfhaus — gegeben. Zum Vergleiche zwischen den beiden Stationen des Oberharzes mit dem am Gebirgsrande und in der Nähe des Harzes belegenen mögen noch folgende Angaben — für die ich das Jahr 1883 zu Grunde lege — dienen: Das Thermometer sank zum letztenmal unter 0° in Sangerhausen am 13. April, in Nordhausen, Göttingen und Braunschweig am 23. April, in Heiligenstadt am 7., in Salzwedel am 4., in Klausthal am 11. Mai und auf dem Sonnenberge am 19. Juni; zum erstenmal wieder auf dem Sonnenberg am 18. August, in Klausthal am 6., in Nordhausen am 7., in Göttingen am 23. Oktober, in Sangerhausen und Heiligenstadt am 16., in Braunschweig und Salzwedel am 17. November. — Die höchste Temperatur wurde in Braunschweig am 2. und 3., auf allen übrigen Stationen am 4. Juli erreicht; sie betrug in Salzwedel 35,5, in Magdeburg 34,5, in Göttingen 32,8, in Sangerhausen 32,6, in Braunschweig 32,0, in Nordhausen 31,4, in Heiligenstadt 31,2, in Klausthal 29,6, auf dem Sonnenberge 29,1° C. — Die niedrigste Temperatur betrug in Göttingen — 10,5 (am 23. März und 8. Dezember), in Sangerhausen — 11,1 (23. und 24. März), in Heiligenstadt — 12,3 (24. März), in Salzwedel — 13,0 (9. Juni), in Magdeburg — 14,7 (15. März), in Klausthal 15,1 (23. März), in Nordhausen — 16,4 (17. und 23. März), auf dem Sonnenberge — 18,7 (13. März), in Braunschweig — 19,6 C (16. März).

Das Jahresmittel des Brockens soll nach den letztjährigen Beobachtungen nur + 0,87° C betragen; doch ist bis zur Gewinnung eines längere Perioden umfassenden Durchschnitts vorläufig noch an dem aus sämtlichen früheren Beobachtungen berechneten Mittel von 2,40° C festzuhalten. Der Brockengipfel hat demnach fast genau das gleiche Mittel mit Tromsö im nördlichen Norwegen.

Die mittlere Temperaturabnahme beträgt auf je 1 m Erhebung nach dem Brockengipfel hin von Osterode 0,71°, von Klausthal 0,68°, von Goslar 0,66°, von Wernigerode 0,65° C.

Die mittlere jährliche Schwankung, die Differenz zwischen Januar (— 5,40° C) und Juli (+ 10,7° C), beträgt auf dem Brocken nur 16,1° C; in Klausthal (Januar — 2,43, Juli + 14,85° C) 17,28° C. Diese sonst auffällige Thatsache findet ihre Erklärung darin, daß der Brockengipfel in die Region der stärksten Wolkenbildung hineinragt, und daß die starke Bewölkung die Temperaturextreme erheblich mildert.

Abb. 21. Hüttenmann.
(Nach einer Photographie von Fr. Zirkler in Klausthal.)

Abb. 22. Osterode.

Die höchste beobachtete Temperatur war + 27,7, die niedrigste — 28,0°. Da im Mittel auf den 30. Mai der letzte und auf den 7. Oktober der erste Frost fällt, so sind etwa vier Monate frostfrei. Doch kommen starke Abweichungen vor: im Jahre 1840 waren nur 89 Tage (vom 26. Juni bis 21. September), im Jahre 1848 dagegen 186 Tage (vom 5. Mai bis 3. November) frostfrei. — Perioden lang andauernder Kälte sind auf dem Brocken nicht häufiger als in der Ebene; die längste bis jetzt beobachtete fiel in den Januar 1838,

und im Nordosten und Osten sind uns weite, zusammenhängende Landmassen vorgelagert, die um so größer erscheinen, wenn wir hierbei auch die Ostsee als Land behandeln; ihr Einfluß auf die Niederschlagshöhe ist nämlich aus drei Gründen außerordentlich gering: sie hat nur geringen Umfang, ist meistens kälter als die offene See und liegt nicht in unserer Hauptwindrichtung.

Das Vorwalten der Südwestwinde in Mitteldeutschland ist nicht nur die Folge der Rechtsablenkung der Winde durch die Drehung der Erde, sondern wird zugleich

Abb. 23. Wildemann.
(Nach einer Photographie von F. Rose in Wernigerode.)

wo an achtzehn aufeinanderfolgenden Tagen das Mittel unter — 19° C lag; alle Gewässer, sogar der Gerlachsbrunnen, froren völlig aus, trotzdem war die Kälte, da Windstille und Sonnenschein herrschte, sehr gut zu ertragen. —

Inbetreff der Niederschlagshöhe, des zweiten Hauptfaktors des Klimas, steht der Harz mit dem übrigen Mitteldeutschland unter dem Einfluß des Atlantischen Ozeans. Nur die von diesem heranstreichenden Winde können uns die erforderliche Feuchtigkeitsmenge bringen, denn im Süden sperrt uns die Gletschermauer der Alpen gegen den Einfluß des Mittelländischen Meeres ab,

durch das sogenannte Azorische Maximum, das ist ein Gebiet hohen Luftdruckes im Südwesten über dem Atlantischen Ozean (in der Gegend der Azoren), durch das im größten Teil des Jahres über dem Atlantischen Ozean im Nordwesten (in der Gegend von Island) ruhende Gebiet niedrigen Luftdruckes, und durch die konstante Abnahme des Luftdruckes vom 45. bis 50. Breitengrade nach Norden zu verursacht.

Kein Punkt in Mitteldeutschland ist nun für diese Klarlegung so geeignet wie der hochragende Brockengipfel, da auf diesem die Windrichtung durch örtliche Hemmung und Ablenkung nicht beeinflußt werden

Abb. 24. Grund.
(Nach einer Photographie von F. Rose in Wernigerode.)

Abb. 25. Lautenthal.
(Nach einer Photographie von Fr. Zirkler in Klausthal.)

kann. Nach der achtteiligen Windrose kommen auf dem Brocken 15 °/₀ aller beobachteten Windrichtungen auf NW, 23 °/₀ auf W, 24 °/₀ auf SW, zusammen also 62 °/₀ — nach dem Wolkenzuge sogar 74 °/₀ — auf die für uns Regen führenden Winde (auf S nur 10, SO und O je 8, NO und N je 6 °/₀.)

Dieser herrschenden Luftströmung stellt sich nun das Harzgebirge mit seiner Breitseite, und zwar mit seinem hohen NW-, W- und SW-Rande, fast rechtwinkelig quer in den Weg, dadurch erfährt der Luftdruck eine Steigerung, die Luft wird zum Ansteigen gezwungen, kühlt sich dadurch ab und verdichtet ihren gasförmigen Wassergehalt zu Nebel und Wolken, dann zu Regen und Schnee. So kommt es, daß die auf der Luvseite liegenden Osterode 820, Grund 880 Millimeter, die auf der Leeseite, im „Regenschatten" des Harzes liegenden Wernigerode nur 613, Blankenburg 518 Millimeter Niederschlag haben. Wenn man nun ferner berücksichtigt, daß der dichte Fichtenbestand des Westharzes die Feuchtigkeit der Luft gleichsam aufsaugt, die Wolken anzieht und ihren Inhalt zum großen Teil absorbiert und in den ausgedehnten Mooren festhält, so ist es klar, daß unser isoliert aufsteigendes Gebirge auf die Niederschläge

eines großen Teiles von Norddeutschland einen ganz bedeutenden Einfluß haben und als der Hauptkondensator für die vor und hinter ihm liegenden Lande angesehen werden muß.

Im hohen Westharze ist selbstverständlich der Niederschlag am bedeutendsten. Für den Brocken berechnet Hellmann aus sämtlichen vor dem Jahre 1879 liegenden Beobachtungen das Jahresmittel auf 1669 Millimeter; in Klausthal betrug das Mittel aus den 40 Jahren 1856—1895 1338 Millimeter, auf dem Sonnenberge (dessen Station leider jetzt eingegangen ist) das Mittel der 18 Jahre 1878 bis 1895 1283 Millimeter gegen 1316 Millimeter derselben Jahre in Klausthal. Zwischen den einzelnen Jahren sind außerordentlich große Unterschiede: in Klausthal stehen den 1930 Millimeter Niederschlag des Jahres 1867 als Minimum 824 Millimeter im Jahre 1857 gegenüber.

Daß der Sonnenberg, und damit wohl auch das Brockenfeld, etwas geringere Niederschläge hat, als Klausthal, erklärt sich daraus, daß jener im Regenschatten des Bruchberg-Ackers liegt; in Andreasberg und Braunlage mit 1093 und 1096 Millimeter macht sich dieser noch stärker geltend, und den

Unterharz charakterisiert Allrode mit 620 Millimeter. Bei den nur teilweise in diesem Regenschatten liegenden Orten des Südharzes (Wieda 993, Walkenried 820, Ilfeld 640 Millimeter) sprechen auch lokale Umstände mit. Die Jahressumme der Tage mit Niederschlägen steht in anderem Verhältnisse als diese: Klausthal hat im Mittel 152 Regen= und 64 Schneetage, der Sonnenberg aber gar 216 und 180.

Von großer Bedeutung für das Klima ist auch die Verteilung der Niederschläge auf die einzelnen Monate. In Klausthal folgen diese nach 40jährigem Mittel: Juli 145, Dezember 134,5, August 129,6, Juni 125,6, März 120,7, November 115,9, Oktober 108,3, Januar 105, Februar 104,8, September 88,6, Mai 81,8, April 76,4 Millimeter. Ähnlich ist das Verhältnis auf dem Sonnenberge, nur daß hier im Juli mehr Regen und im Dezember und März verhältnismäßig mehr Schnee fällt.

Ist der Westharz reicher an Niederschlag, so fällt der Regen auf der Leeseite massenhafter, bei einem einzigen Gewitter zuweilen $\frac{1}{10}$, ausnahmsweise $\frac{1}{5}$ des Jahresbetrages. So fielen in Schierke am 21. September 1882 129, in Harzgerode am 1. August 1887 121 Millimeter, während als Maximum in Klausthal nur 97,5 Millimeter auf den 29. Juli 1883 kommen.

Mit dem Nebel, der fast zur Hälfte auf den Winter fällt, ist es auf der Hochebene des Oberharzes nicht so arg, wie man oft denkt. Allerdings hat Klausthal durchschnittlich 95 ganz trübe und nur 27 ganz helle Tage, aber es ist damit nicht schlechter gestellt als manche Städte im Lande. Im Jahre 1883 z. B. wurden die 81 Nebeltage Klausthals von Braunschweig mit 83, Magdeburg mit 97 übertroffen, und seinen 25 ganz heiteren Tagen hatte Salzwedel nur 19 gegenüberzustellen. Der Sonnenberg hat beinahe doppelt so viele Nebel= und doppelt so viele ganz helle Tage als Klausthal. Auf den Rauhreif und „Anhang“, auf den Brocken im Nebel kommen wir am andern Orte zu sprechen.

V.

Geschichtlicher Überblick.

Wenn sich in dem weit wilderen Alpengebirge uralte Pfade schon in der vorgeschichtlichen Zeit nachweisen lassen, so ist die Annahme, daß solche auch im Harze vorhanden gewesen sein müssen, um so weniger gewagt, als der einzige dem Oberharze angehörende Fund aus der Steinzeit, ein gebrauchsfertiges und gut erhaltenes Steinbeil aus nichtharzischem Gestein (Oberharzer Museum) gerade auf dem Brockenfelde gemacht ist, über das der „Heidenstieg“ lief,

Abb. 26. Schloß Söder.
(Nach einer Photographie von F. H. Böbeter in Hildesheim.)

Abb. 27. Schloß Derneburg.

der später in den fahrbaren „Kaiserweg“ umgestaltet ward.

Im übrigen wurde in vorgeschichtlicher Zeit das Innere des Harzes und insbesondere der hohe Westharz mit seinen undurchdringlichen Urwäldern, seinem wegsperrenden Klippengewirr und seinen Gefahr drohenden Mooren wohl nur hin und wieder von einzelnen kühnen Jägern betreten, die Elch und Schelch, Ur und Wisent, Bär und Wolf bis in ihre geheimsten Schlupfwinkel zu verfolgen wagten.

Zu dauernder Ansiedelung aber konnten den Menschen der Steinzeit, dem Waldwirtschaft und Bergbau, die Vorbedingungen der späteren Besiedelung des eigentlichen Harzes, völlig fremd blieben, nur die dem Harze vorgelagerten Hügellandschaften und Flußebenen einladen.

Die Pfahlbauten in den Brüchen und trockenen Seen am Ostrande, die Feuerstätten unter dem Tropfsteinboden der Einhornhöhle, die zahlreichen in neuerer Zeit ausgegrabenen Wohn- und Grabstätten mit ihren Hausurnen und Steinkisten, die noch unverwischten Befestigungen mit all ihren wertvollen Funden reden eine gar deutliche Sprache, und eine Zusammenstellung der Orte, die durch ihren Namen als heidnische Opferstätten gekennzeichnet sind (Wodansberg, Hübichenstein, Thorsthor, Pholidi, d. i. Pöhlde, die Bocksberge und andre) ergänzt als zweite wichtige Urkunde jenen Bericht.

Beim Eintritt in die geschichtliche Zeit müssen die Harzlande freilich vorerst stumm von ferne stehen, wenn Süddeutschland und die Rhein- und Weserlande so viel des Interessanten aus der Römerzeit zu erzählen haben; aber dafür dürfen sie sich dessen rühmen, daß in ihnen der erste Versuch und Ansatz einer reindeutschen Staatenbildung gemacht ist: die südlichen und östlichen Vorlande bildeten das Mittel- und Kernstück des Königreichs Thüringen, das sich im ersten Viertel des sechsten Jahrhunderts von der oberen Donau bis an die Grenze des Bardengaues erstreckte. Die zahlreichen Ortsnamen auf —leben (das ist Aufenthaltsort) und —stedt (Wohnstätte) erinnern noch daran.

Als die Franken 529—531 die Macht der Thüringer mit Hilfe der Sachsen brachen, blieb ihnen nur der Helmegau (Walkenried, Nordhausen), der ganze Süd- und Ostrand vom Sachsgraben bei Wallhausen bis an die Oker fiel den Sachsen als Kriegsbeute zu, doch mußten sie für die südliche Hälfte den Franken jährlich 500 Kühe als Tribut liefern. Um sich von dieser drückenden Fessel der Unfreiheit zu befreien, folgten die Bewohner dieses Gaues 568 gern dem Rufe des Longobarden Alboin zum Einmarsch in Italien, und in die veröbeten Lande zogen nun Nordschwaben, Friesen und Hessen ein, denen es 575 gelang, die zurückkehrenden Sachsen in zwei mörderischen Schlachten zu vernichten.

Das Christentum ist in die Harzlande zuerst in der abgeschwächten Form des Arianismus durch die Thüringerkönigin Amalaberga, Theoderichs des Ostgoten Nichte, gekommen; doch hat die schwache Pflanze die Stürme jenes Vernichtungskrieges nicht überdauert. Erst Bonifatius und sein Schüler Wigbert haben es in den drei südlichen Gauen (Helme, Hessen, Friesen) sicher begründet, und in dem Schwabengau, in dem sich nur einige vorpostenartig vorgeschobene Wigbertikirchen (z. B. in Quedlinburg) finden, ist es vom Hausmeier Karlmann und seinem Bruder Pipin im Kampfe gegen den auf seine „Hofeoburg" trotzenden Häuptling Theoderich 746—748 mit Waffengewalt eingeführt.

Wie weit dann auf friedlichem Wege das Christentum am Westrande des Harzes vorrückte, zeigt die Grenze des Mainzischen Sprengels, die im Pandelbach bei Münchehof mit der Nordgrenze des Lisgaues, des einzigen von Engern bewohnten harzischen Gaues, zusammenfällt. Die nördlich anschließenden Lande, der Ambergau (Seesen, Bockenem), der Wenzigau (Goslar), der Lerigau (Wöltingerode) und der Harzgau (Wernigerode, Blankenburg) sind erst durch den Schwertapostel Karl den Großen bekehrt. Ströme des Bluts, wie in Westfalen, sind im Harze nicht geflossen. Schon 775 unterwarf sich der Ostfalenherzog Hessi freiwillig an der Oker und hielt die gelobte Treue; seine Tochter gründete in Wenthausen, dem heutigen Thale, das erste Kloster in den Harzlanden.

Als Karl 809 für Ostfalen rechts der Oker in Halberstadt ein Bistum gründete, wies er diesem auch den Südrand bis zum Sachsgraben zu, so daß dem fernen Mainz nur der Helme- und der Lisgau verblieben. Für Ostfalen links der Oker gründete Karl 818 das Bistum Hildesheim; und an der Vertiefung des vielfach nur äußerlich angenommenen Christentums arbeiteten mit jenen Bischöfen auch die Klöster Fulda und Hersfeld weiter.

Die Ortschaften, welche bis zu dieser Zeit etwa in den Harzlanden entstanden waren, gehören drei verschiedenen Gruppen an. Die älteste umfaßt diejenigen, deren Namen auf —hausen und —heim (—um, —em), auf —leben · und —stedt endigen, also auf eine Einzelsiedelung, auf das von den zugehörigen Hütten der Laten umgebene Haus eines seßhaften freien Mannes hinweisen, die zweite solche, deren Namen auf —ingen und —ungen endigen,

Abb. 28. Schloß Hennerode.
(Nach einer Photographie von F. H. Bödeker in Hildesheim.)

Siedelungen einer ganzen Sippe. Auch die Orte mit bloßen Naturnamen, wie z. B. Goslar (Einöde am Gießbach), Steina (Siedelung an der Grenze, näm=lich zwischen Sachsen und Thüringern), so=wie die, welche auf —a, —see, —leite, —berg u. s. w. ausgehen, gehören zum größten Teil der frühesten Zeit an. Die dritte Gruppe bilden die Orte, welche so=fort als „Dorf" entstanden sind.

Die Volksmenge ward allmählich dichter, feld u. s. w.), auf —hain und —hagen, —rode und —schwende; ist ihre Flur durch Entwässerung des Sumpfes gewonnen, auf —riet. Noch jetzt umzieht ein dichter Kranz solcher Ortschaften den Harz, die meisten aber sind längst wieder eingegangen, weil die Länderei die Arbeit nicht lohnte. Ganz besonders trifft dies die zahlreichen „Hagen", d. i. auf Waldblößen angelegte Ortschaften mit eingefriedigter Feldmark, und die noch häufigeren Rodungen. Von den

Abb. 29. St. Hubertus-Kapelle am Heinberge.
(Nach einer Photographie von F. H. Bödeler in Hildesheim.)

die unter dem Pfluge liegenden Ackerflächen genügten nicht mehr, und notgedrungen nahmen die Bewohner der Vorlande auch die öden Gebiete in Angriff, lichteten den Urwald mit Axt und Feuer, legten die Sumpfgegenden durch Gräben und Dämme trocken und machten den so dem Walde und dem Wasser abgewonnenen Boden durch den Pflug zu ertragsfähigem Lande.

Liegen die Orte, welche in dieser Zeit der „ausbauenden Kolonisation" entstanden sind, auf ehemaligem Waldboden, so endigt ihr Name auf —loh, d. i. Wald (Braun=lage = brauner Wald), auf —feld (Mans= an der Endung —schwende (von suantjan. schwinden machen) kenntlichen Brand=robungen, die nur im Ostharze vorkommen, ist Molmerschwende die bekannteste.

Das Jahr, selbst das Jahrhundert der Erbauung all dieser späten Siedelungen läßt sich nur bei einigen annähernd an=geben. —

Hatte einst das mächtige Thüringerreich im Südostharze seinen Mittelpunkt, so stand später, als das von Karls des Großen Weltreich abgetrennte und in Selbständig=keit erstarkte Deutsche Königreich, bald vom Glanze der römischen Kaiserkrone umstrahlt, den Höhepunkt seiner Macht erreichte, zur Zeit der Ludolfinger, Salier und Staufer, der Harz hellleuchtend im Vordergrunde der deutschen Reichsgeschichte. Wie nirgends sonst im ganzen Deutschland reihten sich um den Harz Königshöfe und Pfalzen zu einem prächtigen Kranze zusammen: im Norden Dahlum, Seesen, Werla, Ilsenburg, im Osten und Süden Frose, Walbeck, Quitelingen, Allstedt, Tilleda, Wallhausen, Nordhausen und Pöhlde.

Unter den ludolfingischen Kaisern liegt der Schwerpunkt vorerst im Süden und Osten: in Wallhausen, Nordhausen und Quedlinburg, zu denen dann noch aushelfend Pöhlde und Gernrode kommen. So dankbar die Aufgabe wäre, diese Könige, besonders Heinrich I. und Otto den Großen, von einer Harzpfalz zur andern zu begleiten: wir müssen es uns um des Raumes willen versagen. Mit dem Erlöschen der Ludolfinger trat die alte Kaiserstadt Quedlinburg in den Hintergrund. An der stolzen Stiftung des ausgestorbenen einheimischen Hauses nehmen die fränkischen Kaiser nur geringen Anteil, ihr Lieblingsaufenthalt ward Goslar, dem unter dem mächtigen Heinrich III. eine wahrhaft glänzende Zeit erstand. Auf der Höhe des Kaiserbleekes erbaute er den großartigen Reichspalast (Abb. 3) und in dessen Nähe den herrlichen Dom, einen leuchtenden Schmuck für das ganze Sachsenland. Damals war Goslar in Wahrheit das clarissimum regni domicilium. Und wenn unter Heinrich IV., dem Harzer von Geburt, der Glanz zu erblassen schien und die burggekrönten Harzberge trauernd das Haupt neigten, so kehrten jene Tage des Ruhmes unter dem Sachsen Lothar und unter den beiden Friedrich von Staufen noch einmal wieder auf lange Zeit: ja der Reichstag, den Barbarossa im Juni 1154 in

Goslar hielt, überstrahlte alle andern, die der Harz je gesehen hat.

Viermal spitzte sich die deutsche Reichsgeschichte zu einem Kampfe zwischen dem Kaiser und dem Sachsenherzoge zu, aber keiner von ihnen, auch kein späterer Krieg, hat je die Harzlande so schwer betroffen, so viel Städte in Asche gelegt, so viel Burgen gebrochen, als der letzte, in dem um jedes Panier, um das des Welfen Heinrich des Löwen und das waiblingische Barbarossas Harzer Grafen und Harzer Bürger sich scharten.

Im Jahre 1253 sah Goslar zum letztenmal einen Kaiser in seinen Mauern: Wilhelm von Holland, der König der welfischen Partei, ließ sich hier vom Glanze der alten Kaisererinnerungen bestrahlen. Dann stand die Kaiserpfalz öde und vergessen, bis in unseren Tagen in die alten Mauern, die länger als sechs Jahrhunderte trauernd und verlangend nach einem Kaiserantlitz ausgeschaut hatten, der greise Kaiser

Wilhelm der Große, der siegreiche Einiger und Mehrer des Reichs, einzog.

Mit dem Untergange der Hohenstaufen und der Zertrümmerung des starken sächsischen Stammesherzogtums verliert die Harzer Geschichte ihren einheitlichen Charakter. Eine Vielheit von Territorien, geistlichen und weltlichen, umspannten den Harz und hatten das Innere in größeren Bruchstücken und kleinen Splittern zu eigen. Der Oberharz gehörte dem 1235 in seiner Herzogswürde anerkannten Welfenhause, im

manchen Wechselfällen breitet heute der preußische Königsadler, dem braunschweigischen Löwen und dem anhaltischen Bären ihren Raum gönnend, schirmend seine Flügel über den Harz und dessen Vorlande.

VI.

Land und Leute.

Es gibt in Deutschland kein zweites Beispiel dafür, daß sich auf einem so eng umgrenzten Gebiete, wie es der Harz ein-

Abb. 31. Markt mit Rathaus in Goslar.
(Nach einer Photographie von F. Rose in Wernigerode.)

Osten griffen — wie noch heute — die Besitzungen des Hauses Anhalt, der Selke folgend, tief in das Gebirge hinein; dem Süd- und Ostrande aber gaben die Harzgrafschaften Wernigerode, Regenstein, Falkenstein, Mansfeld, Stolberg, Hohnstein, Scharzfeld u. a. ihr charakteristisches Gepräge. Bis auf das durchlauchtige Haus Stolberg, mit dem jeder Harzer sich gleichsam landsmännisch verwachsen fühlt, sind diese mächtigen Geschlechter, allen voran das kaisertreue Woldenberg-Harzburgische, dessen Glanz fast schon mit dem der Hohenstaufen erbleicht, eins nach dem andern erloschen. Nach

nimmt, so viel verschiedene Volksstämme nachweisen und noch heute, namentlich in ihrer sprachlichen Verschiedenheit, klar erkennen lassen. An der Hand der Geschichte haben wir in der Völkerwanderung Schwaben und Silinger, Friesen und Hessen und nicht lange danach auch Holsteiner (Elbingerode) neben den alteingesessenen Thüringern, Engern und Ostfalen sich niederlassen und in der Kaiserzeit Slaven und Flamländer die sumpfigen Vorlande besiedeln sehen. Dazu kamen noch zur Zeit der Reformation die mit wenig Franken untermischten Obersachsen, die heutigen Bewohner des Oberharzes.

Abb. 32. Goslar, von der Klus gesehen.
(Nach einer Photographie von F. Rose in Wernigerode.)

Nach der bis vor kurzem landläufigen Ansicht stammen diese aus Franken. Aber man verwechselt sie dabei mit der ersten, in der Mitte des vierzehnten Jahrhunderts der Pest erlegenen schwachen Bevölkerung, die es bis zur Städtegründung nicht gebracht hat. Als im sechzehnten Jahrhundert fast gleichzeitig in den Gebieten von Braunschweig-Wolfenbüttel (Zellerfeld, Wildemann), Braunschweig-Grubenhagen (Klausthal) und Hohnstein (St. Andreasberg) an den Stellen, wo einst jener „Alte Mann" treiben) und zu „gewältigen" (das Grubenwasser abzuführen) verstanden; dazu bedurfte man „meißnischer Berggesellen". Und angelockt durch die viel verheißenden „Bergfreiheiten" strömten jene dem deutschen Peru namentlich aus dem westlichen Erzgebirge, der Gegend von Schneeberg, Annaberg und Joachimsthal, wo der Bergbau stark im Niedergang begriffen war, in großen Scharen zu, so daß die Städte fast wie Pilze aus der Erde schossen.

Die Verschiedenartigkeit der Volksstämme

Abb. 33. Domkapelle in Goslar.
(Nach einer Photographie von F. Rose in Wernigerode.)

oberflächlich Bergbau getrieben hatte, edle Gänge erschürft wurden, und die Strahlen, die aus der silberblinkenden Teufe aufschossen, den im Winterschlafe liegenden, verödeten Oberharz zu neuem Leben erweckten, vermochte ihm der infolge der Fehde mit Heinrich dem Jüngeren schwer krankende Rammelsberg durch Abgabe von Bergleuten um so weniger zu helfen, als die Goslarschen nur mit dem „Feuersetzen" (dem Anzünden großer Holzstöße zum Mürbemachen des Gesteins) zu arbeiten wußten, nicht aber zu „sinken" (Schächte abzuteufen), zu „längen" (Stollen und Strecken zu im Harze zeigt sich vor allem in der Mannigfaltigkeit der hier herrschenden Mundarten.

Der größte Teil des Harzes spricht niedersächsisch („Plattdeutsch"), der ganze Westrand vom Ravensberg (zwischen Sachsa und Lauterberg) bis Hahausen und der Nord- und Ostrand von Hahausen bis Wallenstedt, sowie bis auf die Sprachinsel des Oberharzes der ganze Nordosten des Gebirges bis Braunlage, Benneckenstein, Trautenstein, Hasselfelde, Suderode und Gernrode. Dieser ganze niedersächsische Harz gehört zu dem einen der beiden großen

„Michquartiere“ in Deutschland: der Akku=
fativ mek und dek (mich und dich) wird
auch für den Dativ gebraucht; auch wird
lang, im Westen kurz, und das f in den
Anlauten sm, sl, sn, sw, sp, st nur im
Osten sch gesprochen. Auffällig ist auch

Abb. 34. Wiederaufrichtung des Deutschen Reiches.
Wandgemälde von Professor Hermann Wislicenus im Kaiserhause zu Goslar.
(Nach einer Photographie im Verlag von Jul. Brumby in Goslar.)

dem zweiten Partizip statt des hochdeutschen ge
ein kurzes e vorgeschlagen, z. B. het hett
mek eraupen oder eröupen (er hat mich ge=
rufen), hei hett et mek egeeben (er hat es
mir gegeben). Ek und mek wird im Osten
die Verschiedenheit in der Konjugation des
Präsens; der Westen und Norden sagt: wei
drinket, jei (ji) drinket, sei drinket, das südöst=
liche Drittel wie im Hochdeutschen wei (in El=
bingerode, Schierke, Benneckenstein mei), jï,

ſei brinken. Die nördlichſten Orte dieſes Drittels ſind Braunlage, Elend, Schierke, Elbingerode, Blankenburg, Börnecke.

Im einzelnen laſſen ſich die Mundarten der Gaue, wenn auch deren alte Grenzen hierbei nicht überall ſcharf hervortreten, an charakteriſtiſchen Eigentümlichkeiten gut unterſcheiden. Nur im engernſchen Lisgau, alſo auch in den der oberdeutſchen Sprachinſel nicht angehörenden oberharziſchen Ortſchaften Lerbach, Buntenbock, Riefens-

meïn hius, greulich gruilich, gräulich gröulich. Vielfach wird g wie j geſprochen: gut jiut, geben jeeben; Gott lautet in der Einzahl gott, in der Mehrzahl aber jötter; ebenſo hochdeutſch Garten in der Mehrzahl järten. In andern Wörtern wie grot (groß), Goslär (Goslar), Gurke tritt das j nie auf.

Die ſich öſtlich anſchließende Harzgauiſche Mundart kennt die oſtfäliſchen Diphthonge und das anlautende ſcharfe ſt, ſl ꝛc. nicht und ſpricht nur in dem öſtlichen

Abb. 35. Karl der Große zerſtört die Irmenſäule.
Wandgemälde von Profeſſor Hermann Wislicenus im Kaiſerhauſe zu Goslar.
(Nach einer Photographie im Verlag von Jul. Brumby in Goslar.)

beck, Kamſchlacken, Lonau und Sieber hört man ſſehr (ſehr), chout (gut), loapen (laufen). Die oſtfäliſche Mundart, welche im Ambergau, Denſigau und Lerigau den Harz berührt, in der Nähe des Gebirges aber auch auf das rechte Ufer der Oker hinüberſpringt, wird durch eine Fülle von Diphthongen gekennzeichnet, deren nach den Orten wechſelnde Färbung längſt nicht mit den hochdeutſchen Vokalen wiedergegeben werden kann. Mein Haus lautet (bis dicht vor Hannover, wo zuerſt der einfache Vokal mïn hûs auftritt) etwa maïn oder

Streifen (Halberſtadt, Quedlinburg) an der Bode das anlautende g wie j: Joslar, jut, jroſſ. Zum Vergleiche zwiſchen dieſer und der oſtfäliſchen Mundart diene folgende Strophe aus der „willen Jagd":

Wernigerode:
Min Vader, min Vader, horche mal rut,
Dat hult da buten, dat hult ſau lut;
Dat bellt un ſchtampt, dat gröhlt un brüllt
Hoch öwwer de Böme grulich un wild.

Bockenem:
Maïn Vader, maïn Vader, horche mal rünt,
Dat hüult da butten, dat hüult ſou lünt,

Dat bellt un ſtampet, dat greelt un brüllt
Hoch ower de Venne gruilich un wild.

Einlautig iſt auch die Mundart des
Schwabengaues, die ohne ſcharfe Umgrenzung
etwa von Weſterhauſen und Thale bis an
den Streifen bei Suderode und Erms=
leben reicht, in dem ſeit Jahrhunderten
das Mitteldeutſch kämpfend weiter nach
Norden vordringt. Sie ſpricht ſtets an=
lautendes g wie j und — wie ſchon manche

t feſt, wo unſere hochdeutſche Schriftſprache
z ſetzt (tämen = zähmen); für das hoch=
deutſche t haben ſie noch d (Dochter =
Tochter), für ſ noch p (lopen = laufen), für
ch k (eck und ick = ich) beibehalten. Da=
gegen haben die Thüringer im Helmegau
nebſt den dort eingewanderten Flamländern,
ſowie die Heſſen und Frieſen dieſe Laut=
verſchiebung angenommen, ſo daß der ganze
Südharz bis zum Ravensberge jetzt hoch=

Abb. 36. Luther und Karl V. auf dem Reichstage in Worms.
Wandgemälde von Profeſſor Hermann Wislicenus im Kaiſerhauſe zu Goslar.
(Nach einer Photographie im Verlag von Jul. Brumby in Goslar.)

Orte des Harzgaues — hiſer, nicht hüſer
für Häuſer.

Die niederdeutſchen Mundarten haben
denſelben Konſonantenſtand wie das Gotiſche.
Sie ſind von der konſonantiſchen Lautver=
ſchiebung, welche ſchon zur Zeit der Völker=
wanderung zunächſt bei den Alemaunen in
der Schweiz begann, und wellenförmig nach
Norden fortſchreitend im vierzehnten und
fünfzehnten Jahrhundert in die ſüdlichen Harz=
lande gelangte und die niederdeutſche Mundart
in eine hochdeutſche umwandelte, nicht be=
kinflußt; ſie halten noch das altdeutſche

(mittel=) deutſch ſpricht. An die frühere
Zugehörigkeit auch dieſer Gegenden zum
niederdeutſchen Sprachgebiet erinnern nur
noch wenige Spuren, ſo im Mansfeldiſchen
die Flexion des Infinitivs bei zu (ze thune
für zu thun) und mant für nur.

Es laſſen ſich hier, wenn auch nicht
in genauem Anſchluß an die Gaugrenzen,
drei mitteldeutſche Mundarten unterſcheiden:
ſüd= oder unterharziſch, mansfeldiſch und
nordthüringiſch. Ihr Konſonantenſtand iſt
derſelbe wie der des Hochdeutſchen, nur iſt
das niederdeutſche pp und mp am Ende

der Wörter geblieben: Kopf und Strumpf werden noch Kopp und Strump gesprochen; und das niederdeutsche p im Anlaut ist nicht in pf, sondern in f umgewandelt: Pferd und Pfennig lauten Ferd und Fennig.

Stimmen hierin die drei Mundarten überein, so ist dagegen die sogenannte bayerische Vokalverschiebung, die Verbreiterung der alten Vokale î und û zu ei und eu, welche durch die süddeutschen Kanzleien und namentlich durch Luthers Bibelübersetzung in unser Neuhochdeutsch gedrungen ist, nur von der mansfeldischen Mundart angenommen; sie spricht mei haus, feier, ihr, eich (euch), eier (euer), wo jene beiden min hûs, fier, ji, uch, uer sprechen. Die wesentlichsten unterscheidenden Merkmale zwischen der unterharzischen und der nordthüringischen Mundart sind, daß nur diese den Infinitiv um **n** verkürzt; im Osten: ich kann spreche, im Westen: ich kann gespreche; und das anlautende g nicht wie j, sondern wie g und k spricht: nicht wie Mansfeld und Unterharz jestern und janz, sondern gestern und ganz neben kestern und kanz. Zum Michquartier gehören sie alle drei.

Nicht aber, als die einzige im ganzen Harzgebiete, die in das niederdeutsche Sprachgebiet inselartig eingesprengte oberharzische Mundart, welche sich auf die Städte und Ortschaften beschränkt, die dem Silberbergbau ihre Entstehung verdanken: Klausthal, Zellerfeld, Andreasberg, Wildemann, Lautenthal, Hahnenklee, Bockswiese, Festenburg, Oberschulenberg und teilweise Unterschulenberg und Altenau. Die Lautverschiebungen sind nicht bis hierher gedrungen, sondern die Einwohner haben ihre oberdeutsche Mundart schon aus ihrer Heimat mitgebracht, und da sie keine anders sprechende Bevölkerung vorfanden, unbeeinflußt bewahren können.

Das Oberharzisch hat die bayerische Vokalverschiebung (mei haus), aber andern Konsonantenstand als die vorhin genannten drei mitteldeutschen Mundarten: im Anlaute ist das alte p in pf umgewandelt (also Pfeng, nicht Fennig). In ganz Deutschland hat nur noch die Mundart des oberen Erzgebirges diese Merkmale. In beiden hört man Pfär für Pferde neben schtoppen für stopfen und Napp für Napf; in beiden klingt kn im Anlaut fast wie

Abb. 37. Oberteich.
(Nach einer Photographie von Sophus Williams in Berlin.)

Abb. 38. St. Andreasberg.
(Nach einer Photographie von Sophus Williams in Berlin.)

gn į (Gnabe statt Knabe), wird mr (mer) für wir und für man gebraucht, rsch für rs im Auslaut gesetzt (des Schteiersch = des Steigers), dasselbe helle a mit weitgeöffnetem Munde gesprochen (Ahng = Augen). Bei weiterem Vergleiche zeigt sich die völlige Übereinstimmung der oberharzischen gerade mit der Mundart des westlichen Erzgebirges (der sächsischen Städte Schneeberg und Annaberg und der böhmischen Stadt Joachimsthal). Nur hier, nicht im Osten desselben, wird z. B. das n der Endung gen in die vorausgehende Silbe versetzt und als Nasenlaut gesprochen (Morring Morgen, mit solling Leitn mit solchen Leuten), der Infinitiv auf a (kumma kommen, breuga bringen) und das Adjektiv öfter auf et (narbet narbig, lampet abgetrieben) gebildet. Diese gemeinschaftlichen Besonderheiten der westerzgebirgischen und oberharzischen Mundarten, die letztere allgemeiner festgehalten hat, als erstere, sind auf fränkische Einwirkung zurückzuführen. Fränkisch sind z. B. die erwähnte Adjektivendung et, die Verkleinerungssilbe le la (Heisl, Mehrzahl Heisla Häuschen), das häufige ä für hochdeutsches ei (Äch Eiche, Gäst Geist, dräzen dreizehn, Schrä Schrei 2c.). Fränkisch sind auch viele oberharzische Wörter, die im Erzgebirge heutzutage nicht mehr üblich sind

(z. B. wallen gin spuken, zochen umziehen, zipperig furchtsam, porren reizen, käzen vor Uebermut laut schreien, greina weinen).

Die fränkische Färbung der beiden Mundarten weist darauf hin, daß die Auswanderung aus dem Erzgebirge nach dem Oberharze in einer Zeit stattfand, in der dort fränkische Bergleute unter der aus dem Meißnischen zuströmenden Bevölkerung sich seßhaft machten; und der Umstand, daß diese Färbung im Oberharze stärker ist als im Westerzgebirge, findet schon in der inselartigen Abgeschlossenheit des Oberharzes ausreichende Erklärung; daneben steht aber auch fest, daß bei der Aufnahme des oberharzischen Bergbaues einzelne Knappen direkt aus Franken zuwanderten.

Inbetreff des Hausbaues weisen die einzelnen Gaue kaum noch nennenswerte Eigentümlichkeiten auf. Mag einst, wie einige der am Ostsaum aufgefundenen „Hausurnen" schließen lassen, der altsächsische „Einbau", der Menschen- und Viehhaus samt den Kornfächern unter einem Dache vereinigt, bis an den Fuß der Harzberge gereicht haben, so waren doch schon zur Zeit der Abfassung des Sachsenspiegels in dem ehemaligen Nordthüringen getrennte Scheunen üblich, und heute hat das fränkische Haus das sächsische völlig verdrängt: denn obgleich am Nord-

Abb. 39. Lauterberg im 17. Jahrhundert (nach Merian).

rande die Bauernhäuser bis über Bockenem hinaus vielfach die Giebelseite der Straße zukehren, so befindet sich doch der Eingang in der den Wirtschaftsgebäuden zugekehrten Breitseite.

Abgesehen von den in die engen Gebirgsthäler eingeklemmten und sich oft fast stundenlang ein= oder zweireihig hinziehenden Ortschaften bieten die übrigen fast sämtlich das Bild des unregelmäßigen Haufendorfes, denn wenn auch die ursprüngliche Hufeisen= und Rundlingsform der Wendendörfer in der Goldenen Au sich aus dem jetzigen Befunde meist noch herausschälen läßt, so haben doch Durchbrechungen des Ringes und Anbauten außerhalb desselben für das nicht historisch geschulte Auge den Unterschied vom Haufendorfe so gut wie verwischt.

Wenn auch der Harz in seinen Stein=

Abb. 40. Lauterberg.

brüchen von jeher eine Fülle und Mannigfaltigkeit vorzüglichen Baumaterials namentlich zu seinen herrlichen und großartigen
Kirchen und ähnlichen Bauten geliefert hat,
und wenn sich gleich in letzter Zeit selbst
in oberharzische Städte, das Auge beleidi-
gend, hie und da in das stimmungsvolle
Bild sich harmonisch und komplementär
nicht einfügende rote Backsteinbauten ein-
gedrängt haben, so erfreut sich doch der
alte Harzer Fachwerksbau, zu dem die schier
unerschöpflichen Wälder geradezu auffor-
derten, auch in den Städten noch immer

gungen, sie ist zur bloßen Uniform geworden; den blauen Leinwandkittel des
Bauern hat vielerorts bereits ein langer
Rock von unbestimmter grauer oder brauner
Farbe verdrängt, nur der Fuhrmann, besonders auch der oberharzische, trägt ihn
noch — wie die früher allgemein üblichen
Gamaschen — regelmäßig als Arbeitsge-
wand; aber der schneeweiße Leinwandkittel
des Fuhrherrn (Abb. 5), zu dem gelbe
Gamaschen und hoher schwarzer Seidenhut
gehörten, ist seit einigen Jahrzehnten völlig
verschwunden. — Und auch die Frauen-

Abb. 41. Wiesenbeeker Teich.

der wohl begründeten Vorliebe, und manches in verständnisloser Zeit dem Abbruch
oder doch dem Verfall bestimmte künst-
lerisch oft reich gestaltete Haus ist als eine
Perle der Baukunst erkannt und soweit
möglich in seiner ursprünglichen Schöne
restauriert.

Von den alten Volkstrachten hat sich
in den Harzlanden wenig erhalten. Die
kleidsame Tracht des Bergmanns — grüner
Schachthut ohne Rand, schwarzer Leinwandkittel mit Puffen, blankes Hinterleder mit
Messingschloß und schwarzen Beinkleidern
(Abb. 4) — sieht man fast nur noch an
bergmännischen Festen und bei Beerdi-

tracht fügt sich, wenn auch mit einiger
Verspätung, mehr und mehr der Mode.
Den mit breiten farbigen Samtstreifen mehrfach umsäumten Rock und die schwarze, mit
Band und Spitze verzierte Mütze sieht man
nur noch bei der älteren Generation, und
auch bei dieser nur ganz vereinzelt das
kleine tütenförmige Mützchen mit den breiten,
fast bis auf die Fersen herabhängenden
Seidenbändern, wie es z. B. die Bäue-
rinnen im Ambergau noch vor wenigen
Jahrzehnten allgemein trugen. Aber die
„Landgängerinnen" des Oberharzes kenn-
zeichnet noch ausnahmslos der buntgeblümte,
die mit Butter und Eiern gefüllte „Kiepe"

Abb. 42. Ruine Scharzfels.
(Nach einer Photographie von Fr. Zirkler in Klausthal.)

vor neugierigen Blicken schützende lang=
kragige Kattunmantel (Abb. 6).

Inbetreff des Charakters und der Be=
gabung läßt sich zwischen den Bewohnern
der einzelnen Gaue kaum eine Grenzlinie
ziehen, wohl aber zwischen dem Nieder=
sachsen, dem der meist starkknochige, etwas
lebhaftere und redegewandtere thüringische
Harzer nahesteht, und dem Obersachsen des
westlichen hohen Harzes. Im Norden
und Osten meistens gedrungen und kräftig,
im Lisgau lang und hager, aber sehnig,
ist jener bedächtig, aber nachhaltig, nicht
beredsam, doch nicht sprechfaul, etwas zu=
geknöpft gegen Fremde, aber treu in Zu=
neigung und Freundschaft, rechthaberisch,
doch versöhnlich, starrköpfig, wo seine Rechte
in Frage kommen, aber ein Feind arg=
listiger Schädigung, fleißig, genügsam und
sparsam, doch fast verschwenderisch, wo es
die Ehre des Hofes und der Familie gilt,
karg im Geben, doch bereit zu jeder Hilfe,
die kein bares Geld kostet; ohne sprudeln=
den Witz und lebhafte Phantasie, aber klaren
Verstandes und gesunden Urteils; konserva=
tiv, doch nicht unzugänglich für Neuerungen,
kirchlich und gottesfürchtig, doch nicht frei vom
Vertrauen auf Kartenschlagen und Besprechen.

Der Oberharzer erscheint neben dem
Nordthüringer und Niedersachsen fast schmäch=
tig und schwächlich, übertrifft beide aber
an Gewandtheit und Ausdauer. Er ist
gastfrei und gesellig, mäßig und nüchtern,
sucht seine Freude in der Familie, in Wald
und Halde, in Vereinigungen zu Gesang
und Musik; entschlossen und überlegend,
ausgerüstet mit bewundernswerter Geistes=
gegenwart, ist er ein anstelliger, vorzüglicher
Arbeiter. An Mutterwitz und Schlagfertig=
keit übertrifft er den Niedersachsen weit,
doch keineswegs an Schärfe des Verstandes
und Tiefe des Gemüts.

<h2 style="text-align:center">VII.</h2>

Die Hochebene von Klausthal.

Wir beginnen unseren Rundgang mit
den sieben „Bergstädten" des Oberharzes
und folgen dann den dort entspringenden
Flüssen bis in die Vorlande.

Von den sich eng aneinander schmiegen=
den Schwesterstädten Klausthal (Abb. 7)
und Zellerfeld (Abb. 8), deren erstere, einer
langgestielten dreizinkigen Gabel nicht un=
ähnlich, von 535 Meter am gemeinschaft=
lichen Bahnhofe bis zu 605 Meter beim

Schützenhause aufsteigt, ist das fast schach=
brettgeformte Zellerfeld die ältere. Da, wo
jetzt hart an der Grenze das städtische Brau=
haus steht, erbaute das reiche Simon=Judas=
stift in Goslar gegen das Jahr 1200 das
Benediktinerkloster Cella und schuf damit
an dem alten von Goslar nach Osterode
zum Anschluß an die Nürnberger Straße
führenden Wege dem Warenzuge des Kauf=
herrn wie dem einsam pilgernden „Elenden"
eine bessere Erholungs= und Zufluchtsstätte,
als solche die dürftigen Klausen, von deren
einer Klausthal den Namen führt, zu bieten
vermochten. Und bald erklang die Axt
der fleißigen Klosterleute im ungelichteten
Urwalde, auf der geschaffenen Lichtung,
dem „Zellerfelde", erstanden Außenhöfe mit
Viehwirtschaft, und fränkische Bergleute
siedelten sich unter dem Schutze des Klosters
und seiner Schirmherren an und erschürf=
ten Gang um Gang des edlen Silbers.
Anderthalb Jahrhunderte wirkte so das am
höchsten und einsamsten gelegene Harzkloster
im Segen; da brach im Jahre 1348 der
schwarze Tod, der wie ein Würgengel ganz
Europa durchschritt, auch hier herein, raffte
Mönche und Bergleute dahin und brachte
durch die Unsicherheit und Verwilderung,
die ihm auf dem Fuße folgte, den Ober=
harz wieder zu völliger Veröbung. Doch
heute noch befährt der „Bergmönch" als
der aufsichtführende Geschworene mit silber=
nem, bis zur Firste flackerndem Grubenlichte
die Schächte und Strecken, und beredter
noch als die Sage führen die Gruben des
„alten Mannes" mit seinem Gezäh und
seinen Gebeinen, die „Burgstätte", auf der

vielleicht der letzte Rest der von der Pest
Verschonten im Kampfe mit den Räuber=
banden erlag, der Frankenscherben (jetzt
Frankenscharn), die „Abtshöfe" und andre
ihre stumme Sprache.

Erst unter der Regierung des Herzogs
Heinrich des Jüngeren erstand der im Todes=
schlafe liegende Oberharz zu neuem Leben.
Nachdem schon die Herzogin Elisabeth von
ihrem Witwensitze Staufenburg aus sich des
Eisensteinbergbaues bei Grund mit großem
Erfolge angenommen hatte, beschloß ihr
Enkel Heinrich, auch die Silbergruben des
„alten Mannes" wieder in Betrieb zu setzen,
erließ 1524 eine Bergordnung „für Grund
und umliegende Gebirge" und berief auf
den Rat des Herzogs Georg von Sachsen
erfahrene Beamte und Bergleute aus dem
Erzgebirge. Im Jahre 1526 nahmen die
in großen Haufen Herzuströmenden in der
Nähe des jetzigen Johanneser Kurhauses
die erste Grube auf der Hochebene des
„Zeller Feldes" auf, und schon sechs Jahre
später erhielt die um die Klosterruine ent=
standene Ansiedelung die Stadtgerechtsame.

Und auch im Fürstentum Grubenhagen,
das bis unmittelbar an den die Kloster=
pforte bespülenden Zellbach reichte, blieben
die reichen Schätze der Teufe nur noch kurze
Zeit unerschlossen. Schon im Jahre 1544
wird das Bergwerk des Herzogs Philipp
„an dem Zeller Felde" erwähnt, und als
auch bei der verfallenen Klause („im Klaus=
thale") edle Erze zu Tage traten, nahm
die neue Ansiedelung, die man anfangs
Zellerfeld grubenhagenschen Teils nannte,
so raschen Aufschwung, daß sie bereits in

Abb. 43. Herzberg.

Abb. 44. Brockengipfel.
(Nach einer Photographie von F. Rose in Wernigerode.)

der Bergfreiheit von 1554 freie Bergstadt heißt.

Daß eine Landesgrenze (bis 1788) die beiden Städte schied, ward im dreißigjährigen Kriege verhängnisvoll für Zellerfeld: nachdem Tilly am 19. März 1626 Klausthal von Dänen und Braunschweigern, seinen Bedrängern, durch sein bloßes Erscheinen befreit hatte, eroberte er das von seinen Bürgern unter dem Geschwornen Thomas Merten heldenmütig verteidigte Zellerfeld und überließ es seinen Truppen zur Plünderung.

Kämpfte schon zu Beginn jenes verderblichen Krieges der Bergbau um seine Existenz, so kam er während desselben völlig zum Erliegen: die Gruben „erfoffen", die Pochwerke standen still, die Hütten lagen kalt. Dazu überfiel die schier verzweifelnden Bewohner noch die Pest, und verheerende Feuersbrünste raubten ihnen die letzte Habe.

Nur langsam erholten sich die beiden Städte. Aber dann brachten regenarme Jahre die Gruben wieder zum Stillstand, und am 18. Oktober 1672 legte eine schreckliche Feuersbrunst in Zellerfeld 465 Häuser, die Kirchen, Pfarrhäuser und Schulen, Rathaus, Münze und Zehnten in Asche; und in dem dürftigen Reste der Stadt und in Klausthal, wo man die Obdachlosen nachbarlich aufnahm, brach der Hungertyphus aus: die Not war entsetzlich.

Als im Anfange des achtzehnten Jahrhunderts endlich wieder die Gruben gut „silberten", entwickelten sich im Glanze des Bergsegens die Städte so ersichtlich, daß die Hauptstadt Klausthal im Jahre 1736 ohne Garnison 8930 Einwohner zählte. Die Feuersbrünste von 1725 und 1737, von denen die erste 391 und die zweite 192 Wohngebäude zerstörte, wurden damals leichter überwunden. Dagegen sank die Einwohnerzahl unter den Drangsalen des siebenjährigen Krieges um 2000. Allein am 3. September 1761 erpreßten die Franzosen in der Doppelstadt 40000 Thaler, und zum Dank für (seine Milde mußte Klausthal dem General Vanbecourt gar eine Medaille prägen lassen.

Als 1799 der großartige Georgstollen durchschlägig wurde, konnte man die Erze auch aus größerer Teufe holen. Aber dieser Vorteil kam bald der westfälischen Fremdherrschaft zu nutze. König „Lustik" von Bonapartes Gnaden, der sich zweimal in Klausthal-Zellerfeld anjubeln ließ, konnte kaum mit Hilfe des Raubbaues den sich immer steigernden Bleibedarf für seines Bruders Kriege und Festungen decken. Doch die enormen Summen, die nach Kassel flossen, genügten ihm nicht: er bot dem Juden Jakobson den ganzen oberharzischen Bergbau zum Kauf an; indes, wenn dieser sein „Kammeragent" auch preußische, hannoversche und braunschweigische Domänen billig zu erwerben kein Bedenken trug, so erschien jener große Bissen dem Schlauen doch im Werte zu unsicher. Trotzdem es Titel und Gehaltszulagen regnete, sammelten die Bergbehörden einen Teil der Überschüsse für die angestammte Landesherrschaft heimlich im Zehnten an und schickten falsche Abrechnungen nach Kassel. Aber viele Handels- und Kassenbeamte trieben auch „Maßhammelei": sie steckten manches Tausend in die eigene Tasche; und des Geldes war ja so viel, daß die Franzosen es nicht merkten — erst die hannoversche Regierung hat später diese Unterschleife bestraft. Da sah man den Oberfaktor in Goslar wie einen Grafen mit vier Rappen, einen Jockei vorn auf, durch die Straßen fahren, und sein Bruder in Osterode legte einen Marstall an und baute ein Reithaus. — Flotter ist der Bergbau nie umgegangen. Aber der Harzer ließ sich durch die hohen Löhne nicht gewinnen; obwohl vom westfälischen Kriegsdienste befreit, schlichen sich die jungen Männer bis zur Küste durch und bluteten auf den Schlachtfeldern Spaniens für Deutschlands Ehre und Freiheit; allein vom siebenten Bataillon der deutschen Legion trafen einmal an einem Tage elf Totenscheine beim Rate von Klausthal ein.

Als mit dem Frieden der großartige Bleibedarf aufhörte, sanken die Harzprodukte gewaltig im Preise, ja waren teilweise sogar unverkäuflich, und die englische und spanische Konkurrenz zwangen den Harzer Bergbau, sich sehr haushälterisch einzurichten. Die Bergbehörde begünstigte, trüb in die Zukunft sehend, die Auswanderung, besonders als 1844 300 und 1852 101 Wohnhäuser in Klausthal niederbrannten. Doch brach mit der Verstaatlichung des (gewerkschaftlichen) Bergbaues, mit der Vollendung des Ernst-August-Stollens, mit dem Erschließen neuer Erzmittel eine bessere, hoffnungsvollere Zukunft an. Heute zählt die Stadt 8600 Einwohner.

Von den Tillyschanzen bei der Windmühle, dem Wahrzeichen Klausthals, gesehen, gewährt die von weiter Wiesenflur eingeschlossene Doppelstadt ein eigenartig schönes Bild. Die in den flachen Thälern zu einer glänzenden Perlenschnur aneinandergereihten Teiche, der dunkle, breite Waldsaum ringsherum, der Blick auf die wellenförmige Hochebene mit ihren grünen Halden, ihren blinkenden Gruben und dem in der Ferne aufwirbelnden Hüttenrauche, ihren nach allen Seiten strahlenförmig in den Wald auslaufenden Alleen, auf die immer höher sich auftürmenden Berggruppen, und wieder zurück auf die wunderbar gestaltete Stadt mit ihren rotbedachten schmucken Häusern, von denen einzelne Gruppen sich bis in die unabsehbare Ferne zu erstrecken scheinen: leihen ihr Züge und Farben, wie sie sich so wirkungsvoll in ihrer schlichten Anmut im ganzen Harze nicht zum zweitenmal zeigen.

Architektonisch bedeutsame Gebäude hat Klausthal nicht aufzuweisen. Die Marktkirche ist die größte Holzkirche Deutschlands (Abb. 9). Im geräumigen Amthause hat das

Abb. 45. Brockenbahn.
(Nach einer Photographie von F. Rose in Wernigerode.)

Oberbergamt für den größten Teil der Provinz Hannover, für Schleswig-Holstein, Hessen, Schaumburg und den Gemeinschaftsharz seinen Sitz. Aus der früheren, jetzt als Bibliothek und Berginspektion dienenden Münze — und teilweise aus der den verschiedenen Linien des Welfenhauses gemeinsamen Münze in Zellerfeld, die nur den Lutterberger Querfäden, die Regensteiner (rote) Hirschstange, der Clettenberger Hirsch, die Blankenburger (schwarze) Hirschstange, das Hohnsteiner Schach, die verschobenen Kreuze von Alt-Bruchhausen mit den Neubruchhäuser (Oldenburger) Balken, die Bärenklauen von Hoya, die Löwen von Diepholz und Lutterberg, die Leoparden von Braunschweig. Oben der Wahlspruch des Kurfürsten. Der Revers zeigt uns eine Grube über und unter Tage. Radstube und Geipel, durch ein

Abb. 46. Schneeschuhläufer.
(Nach einer Photographie von Fr. Zirkler in Klausthal.)

heil. Andreas nicht im Stempel führte — sind die meisten der feinen Wildemanns- und Andreasmünzen und Ausbeutethaler hervorgegangen, welche die Münzsammlungen zu ihren wertvollsten Stücken zählen.

Zur Erläuterung der abgebildeten Münzen (Oberharzer Museum) diene folgendes:

1. Zweithalerstück, in Zellerfeld vom Münzmeister Rudolf Bornemann (R. B.) 1688 geprägt (Abb. 10). Den Namenszug des Kurfürsten Ernst August von Hannover umgeben folgende fünfzehn Wappen: Das sechsspeichige Rad von Osnabrück — der Kurfürst war, worauf auch der Bischofsstab hinweist, zugleich Bischof von Osnabrück —, die Löwen des Herzogtums Lüneburg, der Grafschaft Eberstein und der Herrschaft Homburg (mit gestückter Einfassung), der einköpfige Adler der Herrschaft Stemmwede (Lemförde), die Feldgestänge verbunden, nähern sich in der Form noch der Köte; die Fahnen auf ihrer Spitze melden, daß die Grube in Ausbeute steht. Ein Bergmann, das Grubenlicht in der Hand, tritt den Heimweg an, ein andrer fördert auf dem Stürzkarren Erz nach dem Pochwerk. Ein „Rutengänger" mit der edle Erze verratenden Wünschelrute schreitet heran; unterhalb des auf der Höhe liegenden Zechenhauses ist ein Haldenarbeiter beschäftigt. In der Tiefe schrämen zwei Bergleute, zwei andere drehen den Haspel, daneben führt der Schacht mit Fahrt und Tonne hinunter. — Über der Landschaft das Sachsenroß; von oben reicht ein aus Wolken ragender Arm einen Kranz.

2. Wildemannsthaler des Herzogs August von Braunschweig, in Zellerfeld 1665 vom Münzmeister Henning Schlüter (H. S. und zwei gekreuzte Schlüssel) geprägt (Abb. 11). Im Wappenbilde sind Hoya und Bruchhausen, Regenstein und Blankenburg, Hohnstein und die Lutter-

Abb. 47. Bad Harzburg.
(Nach einer Photographie von F. Rose in Wernigerode.)

bergschen Querfäden zu je einem Felde vereinigt
und das Lüneburgsche durch die gekrönten Herzen
von den andern Löwen unterschieden. Auf dem
Schilde stehen fünf gekrönte Helme; der mittlere
(Braunschweig-Lüneburg) trägt zwischen zwei
mit den Spitzen gegen einander gekehrten Sicheln,
welche außen mit fünf Pfauenfedern besetzt sind,
eine Säule mit Krone und gesterntem Pfauen-
kranz, vor der ein Pferd springt. Der Helm mit
Bärenklaue bezeichnet Hoya, der mit sechs Fähnchen zwischen Büffelhörnern Bruchhausen, der mit
zwei Hirschstangen, zwischen denen ein Pfauen-
schwanz steckt, Hohnstein und Lutterberg, der mit
zwei Büffelhörnern und zwei Hirschstangen Diepholz und Regenstein-Blankenburg. — Auf der
Rückseite hält der Wildemann, Laubkränze um
Haupt und Hüften, den mit der Wurzel aus-
gerissenen, auf beiden Seiten mit Zweigen besetzten Baum wie eine zum Stoß eingelegte Lanze
mit beiden Fäusten. Eine bestimmte Regel bildete
sich um 1670 aus: auf den in Zellerfeld für
Braunschweig-Wolfenbüttel geprägten Münzen
hält der Wildemann den zweireihig besetzten Baum
in der Linken, auf den dort für Calenberg-
Hannover geprägten die nur rechtsseitig besetzte
Tanne in der Rechten. Die nach Aufhebung der
Zellerfelder Münze von 1788 an in Klausthal
geprägten hannoverschen Münzen zeigen den
Wildenmann mit einer zweiseitig besetzten Tanne
in der Rechten.

3. Ausbeutethaler der Grube Lautenthals
Glück (Jungfrau mit der Laute zwischen Gruben-
gebäuden), in Zellerfeld vom Münzmeister Joh.
Benj. Hecht geprägt, Wildemänner als Schildhalter (Abb. 12).

4. Andreasthaler, 1726 in Klausthal vom
Münzmeister Chr. Phil. Spangenberg geprägt
(Abb. 13). Die Umschrift lautet: Georgius Dei
gratia Magnae Britanniae Franciae et Hiberniae
rex, fidei defensor (Verteidiger des Glaubens),
Brunsvic. et Luneburg. dux, Sancti Romani imperii
archithesaurarius (Erzschatzmeister) et elector.
Der Wappenschild hat im ersten Felde die eng-
lischen Leoparden und den schottischen Löwen,
im zweiten die französischen Lilien, im dritten
die irische Harfe, im vierten die braunschweigischen
Leoparden, den lüneburgischen Löwen, das
Sachsenroß und in der Mitte die Kaiserkrone.
Schildhalter Löwe und Einhorn.

Die von 200 bis 250 Studierenden
besuchte Bergakademie, welche mit ihren
Anfängen bis in das Jahr 1775 reicht,
wird in den nächsten Jahren ein ihrer Bedeutung würdiges Heim erhalten. Begünstigt
durch ihre Lage inmitten der mannigfaltig-
sten und musterhaft eingerichteten Montan-
werke des Harzes, dieser Pflanzstätte für
den gesamten deutschen Bergbau, steht diese
Hochschule auch im Auslande in hohem
Ansehen und bringt den Namen Klausthal
in allen bergbautreibenden Ländern der
Erde zu Ehren.

Das interessanteste Profanhaus des
Oberharzes ist die im Jahre 1674 erbaute
Bergapotheke in Zellerfeld (Abb. 14) mit ihren
fratzenhaften Köpfen an Front- und Giebel
bis zum Dache hinauf — dem Wahrzeichen
der Stadt —, schönen Zimmerdecken, die
in Stuck Christi Leidensgeschichte, Jagd-
scenen, allegorische und mythologische Bilder
und andres vorstellen, und zwei mächtigen
Kaminen mit kunstvoll eingemeißelten Ver-
zierungen.

Die Umgebung von Klausthal bietet
des Interessanten gar viel. Wir schlagen
einen der wohlgepflegten, sauber mit Gräup-
chen (Kies) bestreuten Anfahrwege ein,
welche von allen Straßen und Gassen den
Gruben zuführen, und schließen uns einer
Schar schwarzer Gestalten an, die unter
den von den Kirchtürmen leise herüber-
zitternden Klängen der Anfahrglocke, das
Grubenlicht in der Hand, im Busenraum
des Kittels ein tüchtiges Stück Brot und
ein „Einschteckel-Wirschtel", dem Schachte
zueilen.

Doch eh' der schwarze Kittelmann
In seine Tiefe fährt,
Stimmt er ein frommes Lied erst an,
Das seinen Herrgott ehrt;
Bergmannsblut hat frommen Mut.

Der Vorbeter, ein alter, würdiger Bergmann, leitet im Betsaale des Zechenhauses
die Andacht am Eingange der Arbeitswoche.

Nun wird das Grubenlicht entzündet,
das uralte, offen brennende Licht, denn
dem Harzer Bergmann drohen keine „schla-
genden Wetter", und von den Zurückbleibenden mit dem Wunsche: „Es gieh
eich wull!" (Es gehe euch wohl!) begrüßt,
tritt einer nach dem andern auf die Fahr-
kunst, die — jetzt von Dampfkraft getrieben
— den Bergmann ruckweise binnen kurzem
in die Tiefe führt. Wie Sterne, die nach
und nach erblassen, leuchten die Gruben-
lichter noch eine Zeit lang herauf, dann
umhüllt rabenschwarze Nacht den Fahrschacht
bergestief.

Nicht mehr wie vor alters mit „Schlegel
und Eisen", wie er es zum Kreuze zu-
sammengefügt als Schmuck und Standes-
abzeichen führt, schrämt vor Ort der Bergmann mühsam am Gestein, nein mit Bohrer
und Fäustel und gar mit komprimierter Luft
treibt er seine Bohrlöcher wuchtig in den
Felsen und sprengt diesen mit Pulver und
Dynamit (Abb. 15). Und elektrische Bahnen

unter und über Tage schaffen an Stelle der vor kurzem noch so berühmten unterirdischen Schiffahrt die Erze nach den Aufbereitungs= anstalten, Sortierhäusern, Wäschen und Pochwerken, die das zerkleinerte Stufferz und den mittels mancherlei hydraulischen Separations= und Anreicherungsmaschinen gewonnenen Schlich der Hütte zuführen.

Die tiefsten Schächte, voran der Kaiser= Wilhelm II., bringen an 900 Meter Teufe ein, der 157 Meter hohe Kölner Dom ließe

Und großartig wie die Abführung der Wasser der Tiefe ist auch die Zuführung der Tagewasser, deren Grube, Pochwerk und Hütte trotz der in Dienst genommenen mäch= tigen Dampfmaschinen nicht entraten können. Wo man auch nur wandert im Oberharze, überall trifft man Sammelgräben und meist „im Festen" stehende Wasserläufe, als dürfe kein Tropfen des kostbaren Wassers ver= loren gehen. Die größte dieser Pulsadern des Bergbaues, der 1732 angelegte und

Abb. 48. Kurhaus und Aktienhôtel in Bad Harzburg.
(Nach einer Photographie von F. Rose in Wernigerode.)

sich darin sechsmal aufeinanderstellen. Welch winzige Zwerge sind dagegen die nur 22 Meter tiefen Schächte des „Alten Mannes", der die Wasser noch nicht zu bewältigen verstand. Aber völlig gelungen ist dies auch erst den riesenhaften Arbeiten der Neu= zeit, dem 1799 fertiggestellten Georgstollen, der unterhalb der Bergstadt Grund mündet, und dem 1864 eingeweihten Ernst=August= Stollen, der sein mit Türmen und Zinnen geschmücktes Mundloch auf der Schützen= wiese bei Gittelde hat und mit seiner Länge von 26 Kilometern mehr wie die Hälfte länger ist als der große Gotthardtunnel.

1840 erweiterte Dammgraben, zwingt selbst die Moorwasser des fernen Brockenfeldes zur Bergarbeit; nachdem er in 790 Meter Meereshöhe die Abbe, ein Nebenflüßchen der Ecker, abgefangen hat, durchschneidet er das Quellgebiet der Bode, Oker und Söse, überschreitet auf dem 1 Kilometer langen und 16 Meter hohen Sperberhaier Damme die Wasserscheide zwischen Oker und Söse und speist, mit seinen Zufuhrgräben 63 Kilometer lang, die terrassenförmig unter= einanderliegenden Teiche bei Klausthal, von denen der Hirsch bei einer Bodenfläche von 15,7 Hektar mehr als 600000 Kubikmeter

Wasser faßt. Die Hauptpulsader des An=
dreasberger Bergbaues ist der in den Granit=
fels gesprengte 7½ Kilometer lange Reh=
bergergraben, der die in dem 22 Hektar
deckenden Oberteiche durch einen aus mäch=
tigen mit Eisen verklammerten Granitmassen
aufgetürmten Riesendamm aufgestauten
Quellwasser der Oder den dortigen Werken
zuführt.

Die Randberge der Klausthaler Hoch=
ebene bieten viele herrliche Aussichtspunkte.
Von der Schalke, dem 763 Meter hohen
Gipfel des Kahlenbergs, an deren Fuße
die Festenburg idyllisch aus dem Grün
hervorlugt, überblickt man die ganze Hoch=
ebene wie eine ausgebreitete Landkarte;
und der Blick nach Osten, auf das Brocken=
feld mit dem Brockengebirge im Hinter=
grunde und auf die Harzburger Berge ist
von wunderbarem Reiz. Über den Auer=
hahn, die Paßhöhe zwischen Zellerfeld und
Goslar, wandern wir dem erst vor wenigen
Jahrzehnten von den Sommerfrischlern ent=
deckten Bergdörfchen Hahnenklee (Abb. 16)
zu und erfreuen uns unterwegs am Bocks=
berge an dem wunderhübschen Blick auf
die von Bächen durchschnittene Gebirgs=
partie zwischen Gose und Innerste und die
schön bewaldeten Berg= und Hügelreihen
der Vorlande, den Steinberg und die fast
unzählbaren schmucken Dörfer. Auf dem
Rückwege über Bockswiese folgen wir eine
Strecke dem lieblichen Spiegelthale, dessen
friedlich stille Teiche langgezogen das schmale,
scharf geschnittene Thal füllen.

Den Kaltenborn zwi=
schen Frankenscharner Hütte
und Windhausen (Grund),
die Kuckholzklippe über dem
in die Thalspalte förmlich
eingeklemmten Lerbach und
die schroff über der Söse
hängende Siebenwochens=
klippe am Morgenbrots=
graben jenseit des Damm=
hauses muß man am Vor=
mittage besuchen: sie er=
öffnen sämtlich, doch in ver=
schiedener Begrenzung, den
Blick über den Harz hinaus
in die westlichen und süd=
westlichen Vorlande bis zum
Bramwalde, dem Meiß=
ner und der Eichsfeldischen
Pforte, in der Ferne kaum
von den Wolkenzügen zu
unterscheiden.

Erst auf diesen Wande=
rungen lernen wir auch
den oberharzischen Wald in
seinem ganzen Reiz, in
seiner zauberhaften Wir=
kung auf das Gemüt wür=
digen und kennen.

Laß uns einmal einem
vom Touristenheere noch
nicht ausgetretenen, vom
fürsorglichen Harzklub noch
nicht bezeichneten Pfade fol=
gen. Durch die grüne Nacht

Abb. 49. Radaufall.
(Nach einer Photographie von Sophus Williams in Berlin.)

Abb. 50. Harzburg im 17. Jahrhundert (nach Merian).

hoher, dichter Tannen, die nur hin und wieder durch zitternd einfallendes Licht, durch das hellere Grün des Torfmooses und der großen Farnkräuter, die in dicken Büscheln die Baumwurzeln bekleiden, gemildert wird, gelangen wir auf einen „Hai“, auf dem tausend und abertausend Exemplare des roten Fingerhutes, wie von der Hand des Gärtners gezogen und wirkungsvoll gruppiert, blendend ihre Pracht entfalten. Sieh, dort vom Rande äugt ein Rudel Hirsche halb scheu, halb neugierig herüber; den ausdrucksvollen Kopf mit dem vielzackigen Geweih dir zugewendet, zucken sie nicht einmal mit der Wimper. Aber nun fliegen sie in wilden Sätzen den Abhang hinab. Und nun wieder kein Laut ringsum, nur der Abendwind fängt an, leise und warnend in den Wipfeln der Bäume dort unten zu rauschen, und das seine Thalfahrt beginnende Wasser sickert flüsternd durch das Moos und tröpfelt kaum hörbar von einem Stein auf den andern. Doch jetzt trägt der anschwellende Wind Klänge einer harmonischen Musik herüber, erst geisterhaft leise, allmählich klarer und bestimmter: mitten in der Wildnis, dem Abendgeläut eines Eremiten gleich, das Glockengeläut einer den Ställen zuwandernden Rinderherde. Es sind schmucke, kräftige Tiere, rot- und hellbraun, mit großen Hörnern, deren Spitzen nach oben gerichtet sind; die reine Harzrasse. Würdevoll schreitet der Hirt, mit derben

Schuhen, grauen Gamaschen, schwarzem Leinwandkittel und breitkrempigem Filzhut bekleidet, ihnen voran; das handliche Beil, das, an der scharfen Schneide mit einem Stück Hirschhorn verwahrt, an einem über die rechte Schulter laufenden, mit blanken Messingschildern verzierten schwarzen Lederbande ihm an der Seite hängt, gebraucht er, um die Kühe loszuhacken, die sich mit den Hörnern im Gestrüpp, oder mit den Füßen im Wurzelgeflecht verwickelt haben (Abb. 17). Die Stiere seiner Herde, auf der Tierschau prämiiert, und sechs bis zwölf der schönsten Kühe sind sein Eigentum, er ist ein wohlsituierter Mann. Im Winter ist er Fleischer und Hausschlächter, und sein Knecht, der dort den Beschluß der Herde macht, ist dann sein Gehilfe. Wahrscheinlich versteht er auch selbst sein achtstimmiges Glockenspiel neu zu stimmen, „Stimmbeulen“ von außen oder innen hineinzuschlagen.

Vom Hirten freundlich zurecht gewiesen, gelangen wir binnen kurzem auf eine wohlgepflegte, mit Ahorn und Vogelbeere dicht begrenzte Straße, deren Nähe wir nicht vermuten konnten. Einsam windet sie sich durch den unabsehbaren Wald. Die zur Rüste gehende Sonne umspielt nur noch die mit Zapfen dicht behangenen Wipfel der stattlichen Bäume; in den schluchtenartigen Waldthälern lagert schon der weiße Abendnebel. Das Herdengeläut verklingt allmählich in der Ferne; nun ringsum sabbatliche Stille. Verstohlen tritt eine Rehfamilie aus dem Hochwalde zur Rechten, huscht wie ein Schatten über die Straße und fliegt dann in eleganten Sätzen über die „Schonung" zur Linken dem Dickicht zu, in dem die Sauen ihren Kessel haben (Abb. 18). Schon erhebt die Königin der Harzer Waldsänger, die Schwarzdrossel, klagend und doch voll Hoffnung ihren schwermütigen, herzergreifenden Gesang, um der sinkenden Sonne einen letzten Abschiedsgruß nachzurufen. Doch nun — klingt's da nicht in der Ferne wie leiser melodischer Gesang? und ist's nicht gar ein gemischter Chor? Es kommt näher und näher: frische, fröhliche Mädchenstimmen, ohne Schule und Kunst, naturwüchsig wie der Wald ringsum und ansprechend eben in dieser Harmonie. Rein und hell singt der Sopran seine einfach-

schöne Melodie hinaus, und der Alt, von einer einzelnen Männerstimme kräftig unterstützt, begleitet sie mit der „zweiten Stimme", wie sie das gesangfreudige Volk fast instinktiv findet. Jetzt verstehen wir auch die Worte:

Der Jäger in dem grünen Wald
Muß suchen seinen Aufenthalt.
:,: Er ging in dem Wald wohl hin und her :,:
:,: Ob auch nichts :,: ob auch nichts anzutreffen
    wär'!

Die Kiepe auf dem Rücken, in den flinken Händen das Strickzeug, verfolgen die kräftigen, gedrungenen Gestalten, aufgeschürzt bis über das Knie, festen Schrittes ihren unsere Waldstraße kreuzenden Pfad. Es sind Harzer „Kulturmädchen" mit ihrem „Kulturaufseher", niedersächsischen Stammes, aus Lerbach oder Riefensbeck oder Wolfshagen.

Vom Morgen bis zum Abend beschäftigt, die drei- bis fünfjährigen Pflänzchen mit dem Ballen aus dem Saatkamp, dem Tannengarten, auszuheben und auf die von den Stuken gesäuberten Blößen im Abstande von 1,2 bis 1,5 Metern zu versetzen, sind sie nun auf dem Heimwege nach ihrer Waldherberge, jenen Köten dort am Saume der Dickung. Ob wir ihnen einen Augenblick dahin folgen? Im Nu sind die Kiepen abgeworfen, und wenige Augenblicke später prasselt auf dem Herde, der die Mitte der Köte einnimmt, ein lustiges Feuer. Jetzt siedet das Wasser in dem darüber hängenden offenen Kessel, nun werden Brotscheiben hineingeschnitten, etwas Butter, Salz und Kümmel daran gethan, und das einfache Mahl ist bereitet. Zum Kosten eingeladen, folgen wir doch der Warnung der herannahenden Dämmerung und erreichen im

Abb. 51. Rabenklippen.
(Nach einer Photographie von Sophus Williams in Berlin.)

beschleunigten Tempo die Stadt.

Die Einrichtung einer Köte oder Bucht, an deren Stelle jetzt vielfach kleine, feststehende Waldhäuschen treten, praktischer wohl und wohnlicher, aber nicht so voll wie jene von der Poesie des Waldzaubers umweht, sehen wir uns ein andres Mal auf einer Hauung an.

Wir treffen es günstig: eine ganze Schar von Waldarbeitern, scharfe Äxte auf der Schulter und auf dem Rücken die große Waldsäge, schreitet gemessenen Schrittes vor uns her. Die neu geflickten und frisch gewaschenen Kittel und Beinkleider aus ungebleichtem Drell, welche mit der mit Seitenklappen versehenen grünen Tuchmütze oder einem beulenreichen Filzhute, dicken Gama-

Abb. 52. Ilfefälle.
(Nach einer Photographie von F. Rose in Wernigerode.)

schen und derben Schuhen ihre Kleidung ausmachen, sagen uns, daß sie aus ihrem heimatlichen Dorfe kommen; sie haben in ihrer Familie den Sonntag verlebt und wollen nun heute, am Montag Morgen die am Freitag Abend unterbrochene Arbeit wieder aufnehmen (Abb. 19). Jetzt nehmen ihre Frauen, die ihnen bis zur Stadt das Geleit gegeben und ihnen in ihrer Kiepe den aus einem nicht enthaarten Kalbfell kunstlos gefertigten Ranzen — den Urahn des modernen Rucksacks — getragen haben, in dem sie außer Pulverhorn und Eisenkeil („Fimmel") Lebensmittel auf eine Woche mit sich führen, unter Scherzreden Abschied, und schwerer noch bepackt als vorher setzen die Arbeiter ihren Marsch fort. In seinem ruhigen, aber nichtsdestoweniger fördernden Schritt vermag den Holzfäller auch der jetzt leise niedertröpfelnde

Regen nicht zu beirren: er schlägt nur die alte Pferdedecke, die ihm im Walde als Bettdecke zu dienen bestimmt ist, als Regenmantel um sich und seine blanken Werkzeuge.

Nun sind sie auf ihrer Arbeitsstätte angekommen, und in ruhiger Geschäftigkeit tritt jeder an seinen Platz. In taktmäßigem Strich frißt sich die breite, schwanke Säge in den dicken Stamm ein, bis die Waldriesen krachend niederstürzen, dröhnend fallen die Axthiebe auf das Holz, wuchtig treibt das Fäustel den spaltenden Keil ein, dazwischen hallt von drüben Schuß auf Schuß dumpf herüber, wo die Stufen, die anders nicht zu bewältigen sind, mit Pulver gesprengt werden. — An jenem vor dem Winde etwas geschützten Rande der Hauung, da wo das Feuer qualmt, steht die Köte, mit deren Erbauung die Arbeit be-

gonnen hat. Viel Kunst und Mühe hat
sie nicht erfordert: junge, armdicke Fichten
sind in Kreisform in den Boden geschlagen,
oben zu einem Kegel zusammengebogen,
außen mit großen Stücken Baumrinde bekleidet und innen in den Zwischenräumen
mit Moos verstopft. Eine niedrige, ver-
schließbare Öffnung mit kleinem Überbau
dient als Thür und Fenster. In der Mitte
der Bucht sind Steine zu einem Feuerherde
zusammengelegt, und rings um diesen,
dicht an der Außenwand, breite, niedrige

einmal wöchentlich mit ihrer Familie unter
einem Dache weilen, sehen die Köhler ihr
Dorf im ganzen Sommerhalbjahre nur bei
besonderem, hochwichtigen Anlasse, denn die
Meiler brennen am Sonntage wie in der
Woche, und wenn der eine „ausgeladen"
wird, stehen andre schon wieder im Brande.
Aber einmal wöchentlich macht sich die Frau
des Köhlers mit der Kiepe auf, um diesen
mit Brot und „Zubrot" und andern Vor-
räten zu versorgen.

Einem Köhlermeister bei seiner Arbeit

Abb. 53. Ilsenburg.
(Nach einer Photographie von F. Rose in Wernigerode.)

Bänke angebracht. Mit Tannhecke, Heidekraut und einigen Moossäcken überdeckt,
dienen sie zugleich als Schlafstätten. Hier
um das knackende und prasselnde Feuer,
dessen Rauch vergeblich zu entweichen sich
bemüht, lagern sich am Abend die er-
müdeten Arbeiter, bereiten sich ihre beliebte
Scheibensuppe und schließen ihr Mahl mit
einem Stück Brot nebst Wurst und einem
Schluck Branntwein. Dann wird das
Feuer noch einmal geschürt, die Thür ver-
schlossen, und bald verkünden nur noch die
Atemzüge der Schlafenden, daß die Waldeinsamkeit nicht völlig ausgestorben ist.

Während die Waldarbeiter wenigstens

zuzuschauen, ist indes heutzutage nicht so
gar leicht. Seit Heran- und Herauführung
der Eisenbahnen auf den Harz und der
dadurch ermöglichten Verwendung der Stein-
kohle ist nämlich die Holzkohlenproduktion
für die Hütten um 97% zurückgegangen;
und Köhlerei im größeren Umfange wird
eigentlich nur noch getrieben, wenn ein
bedeutender Wind- oder Schneebruch diese
rasche Verwertung des Holzes fordert.

Da im „Kohlhai" eines Meisters gewöhnlich vier bis sechs Meiler gleichzeitig,
und zwar in den verschiedenen Stadien
der Entwickelung, im Gange sind, so belehrt schon ein Besuch über alle Arbeiten

des Köhlergeschäftes. Hier sehen wir dem „Richten", dem Aufbau eines Meilers zu. Um die beiden Quandelpfähle im Mittelpunkte der kreisförmigen Kohlstätte werden die glattgehauenen Rundhölzer so dicht als möglich fast senkrecht herum- und schichtweise aufeinandergestellt, daß zwischen jenen Pfählen ein senkrecht bis auf den Boden reichendes Luftschächtchen bleibt, in das in der Richtung des Halbmessers am Boden ein wagerechter Luftkanal eintritt. Dort sind die Gehilfen dabei, einen fertig gerichteten Meiler, einen Kugelabschnitt von 3 Meter Höhe, so fest erbaut, daß man ihn ohne Gefahr besteigen kann, mit Tannhecke und Rasen zu „bedecken" und mit einem Gemenge von Erde und Kohlengestübbe zu „bewerfen". Wenn sie fertig sind, wird der Köhler den Meiler mittels eines zusammengelegten und mit Harz gefüllten Stückes trockener Baumrinde, das er mit der Steckrute durch den Luftkanal bis zu den am Fuße der Quandelstangen aufgehäuften Spänen und Reisern schiebt, anzünden. Mehrere Meiler stehen bereits im Brande; der eine raucht weißgrau, er ist erst vorgestern angezündet, der andre blau an allen Seiten, „die Kohlen garen" bereits. Das „Regieren" des Feuers ist das Meisterstück des Köhlers, bei dem er seine ganze Kunst und Erfahrung zeigen kann. Bald muß er die Windschauer umstellen und auf der vom Winde abgekehrten Seite — denn das Feuer brennt stets diesem entgegen — „Räume" (Zuglöcher) mit dem Raumpfahle an richtiger Stelle anbringen; bald Ritzen und Borsten im Be-

wurf — denn das Feuer ist stets bestrebt, die Decke zu durchbrechen — mit der Klopfstange beseitigen, oder gar faustgroße „Reißlöcher", deren blauer Rauch ihn warnend herbeiruft, mit einem Rasenstück heilen. So hat er Tag und Nacht keine Ruhe und muß diese wie der Schiffer in bestimmte Wachen teilen. — Ein aufregender Genuß ist es, am Abend dem Füllen der brennenden Meiler zuzusehen: im Widerschein der hell aufleuchtenden Kohlenglut hantieren die rußigen Gestalten, vom Rauch umwirbelt, hastig an und auf dem oben geöffneten Meiler. So viel dieser nämlich am Tage herunter brennt, um so viel muß er eine Woche hindurch jeden Abend wieder mit Holz gefüllt werden. Der Köhler legt den „Steg", einen dicken, langen Knüppel mit eingehauenen Stufen, am Meiler hinauf, besteigt ihn, schaufelt Bewurf und

Abb. 64. Steinerne Renne.
(Nach einer Photographie von F. Rose in Wernigerode.)

Decke von der eingesunkenen Haube, stößt mit der Füllstange die Kohlen nieder, treibt das Holz, das ihm die Gehilfen zureichen, mit dem Wehrhammer ein und schützt die Haube wieder durch Decke und neuen Bewurf: alles in größter Eile, denn je länger der Meiler offen brennt, um so mehr Kohlen werden zu Asche. — Wenn die Verkohlung beendet ist, so „eimert" sich der Meiler, d. h. der ganze Erdbewurf wird glühend, — ein schauerlich-schöner Anblick in dunkler Nacht.

von den entfernten Meilern zu Tisch und im Notfall alle Berufsgenossen aus beträchtlicher Entfernung mittels althergebrachter Signale herbeirufen konnten, findet sich heute wohl kaum noch bei einer Köte.

Mit den Tieren des Waldes lebt der Köhler, dessen Einsamkeit gewöhnlich ein zottiger Hund teilt, in bester Freundschaft: friedlich spielt das scheue Reh in seiner Nähe, und unbedenklich trabt der vorsichtige Hirsch durch den Meilerrauch.

Im übrigen legt der edle Hirsch (Abb. 20)

Abb. 55. Schloß Wernigerode.
(Nach einer Photographie von F. Rose in Wernigerode.)

Die Köhlerbucht ist der Waldarbeiterköte gleich, nur ist sie durch einige Schränkchen und Vorratskasten mehr für dauerndem Aufenthalt eingerichtet, und da die Zeltgenossenschaft weniger Köpfe zählt, so können sich alle, der Meister zur Rechten, die Gehilfen zur Linken und die Buben oder Haijungen im Hintergrunde, etwas wohnlicher einrichten. Die Hillebille (von hille d. i. rasch und Bell d. i. Glocke), ein zwischen zwei Bäumen in der Schwebe hängendes Buchenbrett mit hölzernem Hammer, mit dem sie ehemals die Kameraden

seine Scheu nur im Winter auf den Futterplätzen ab, die für ihn bei den Forstereien, doch auch beim Waldhäuschen am Fortuner Teich, beim Johannefer Kurhause und andernorts eingerichtet sind. Pünktlich wie die Uhr und nach und nach mit größerem Vertrauen stellen sich die Tiere einzeln und in Rudeln ein und sättigen sich an dem duftigen Heu, das ihnen in hölzernen Raufen dargeboten wird. Verstohlen äugen sie dabei zu uns herüber, jeden Augenblick bereit, wenn wir uns verdächtig zeigen sollten, mit einem kühnen

Satze den schützenden Wald zu gewinnen. Eine neue Schar hungernder Tiere trifft ein. Sie kommen zum ersten Mal, aus weiter Ferne. Den mageren Leib noch zwischen den jungen Fichten bergend, schauen sie bald verlangend auf die gefüllten Raufen, bald ängstlich auf die gefürchteten Menschen. Jetzt tritt hier und da ein Tier vorsichtig einen Schritt vor, die knuspernden, hier schon heimischen Gefährten machen ihnen Mut, ein Alttier, weniger argwöhnisch als die Kälbchen, wagt sich heran, und nun eilt plötzlich das ganze Rudel herbei und umdrängt die wohlthätigen Futterstände. — Ohne diese Futterplätze würde der größte Teil des reichen Wildbestandes während der Schonzeit eingehen, denn Rindenstückchen und Fichtenspitzen können auf die Dauer nicht als Nahrung genügen, und durch das „Plätzen" (Scharren) vermag das hungernde Wild bei anhaltendem Winter Gräser und Heidekraut selbst an den Quellen nicht mehr freizulegen. Aber trotz der ausgiebigsten Fütterung fällt nicht nur manches verwaiste Kälbchen, sondern auch manches stattliche Tier dem Oberharzer Winter alljährlich zum Opfer. Auf der hohen Schneelage, die sich bei mildem Wetter gesetzt hat, bildet wieder einfallender Frost eine harte Eiskruste, und diese reibt den Tieren binnen kurzem die Läufe wund und blutig. Langsam, das edle Haupt gesenkt, ein Bild des Elendes, zieht das kranke Wild seinen Weg, den es sonst im Fluge zu durcheilen gewohnt war; seine Kraft reicht kaum noch hin, die kranken, mit eiternden Wunden bedeckten Läufe aus dem harten Schnee, in den sie bei jedem Schritte tief einsinken, emporzuziehen; es kann den Futterplatz nicht mehr erreichen, verlassen und hilflos geht es an Entkräftung zu Grunde und wird eine Beute der Füchse.

Abb. 56. Christianenthal bei Wernigerode.
(Nach einer Photographie von G. Steinicke in Bremen.)

VIII.
Die Söselandschaft.

Die Wasser der Klausthaler Hochebene fließen der Söse, der Innerste und der Oker zu. Die Söse entspringt als große und kleine Söse am jähen Abfall des Bruchberges unter den Söseklippen in der Nähe des Dammhauses. In raschen Sprüngen (Gefälle 1 : 14) eilt sie in ihrem tiefen, engen Thale bis Kamschlacken (410 Meter), wird hier etwas ruhiger und tritt beim Scherenberge oberhalb Osterode mit einem Gefälle von 1 : 60 in das Land. Von besonderer Schönheit ist ihr Thal von Kamschlacken über Riefensbeek bis zur Limpicher Brücke.

Wo die Söse bei ihrem Austritt aus dem eigentlichen Gebirge den Lerbach aufnimmt, an dem sich, eng und tief zwischen die Berge eingeklemmt, das gleichnamige große Eisenhütten- und Waldarbeiterdorf stundenweit bis unter die Kuckholzklippe und den Heiligenstock, hinaufzieht, liegt hart zwischen dem Harze und einem Hügelzuge freundlich die wichtige Fabrikstadt Osterode (Abb. 22). Im Jahre 1130 zuerst erwähnt, erhielt der Ort zwischen 1218 und 1223 vom Pfalzgrafen Heinrich Stadtgerechtsame und trat im Anfange des fünfzehnten Jahrhunderts — wo die Stadt, sonst auf Ackerbau und Handel angewiesen, Mittelpunkt einer bedeutenden Eiseninbustrie ward — in den Bund der Hansa. Doch war die Blüte nur von kurzer Dauer. Daß ihr Handel und Wandel mehrfach vom räuberischen Adel der Nachbarschaft und von gemeinen „Räubern und Strobern (dies ist das deutsche Wort für Vagabund) auf dem Harze" geschädigt ward, war nicht als Schlimmste. Der übermütige, trotzige Sinn ihrer Bürgerschaft verwickelte sie in Fehden, deren eine ihr gar die Reichsacht zuzog, und die langjährigen Zwistigkeiten jener mit dem Rate gediehen im Jahre 1510 zu offenem Aufruhr und grauenhaftem Morde: die Bürger stürzten ihren Bürgermeister Freienhagen vom Rathause in die Spieße der untenstehenden, die seine Leiche schmählich in Stücke hieben. Zu diesen das Gemeinwesen schwer schädigenden Vorgängen gesellten sich Verheerungen durch Brand und Seuchen: am 1. September 1545 ward die ganze Stadt bis auf 46 Häuser und die Vorstädte ein Raub der Flammen, und in die Zeit von 1566 bis 1625 fallen sechs schwere Pestjahre. — Die Schrecken des dreißigjährigen Krieges, Brandschatzungen durch Braunschweiger, Kaiserliche und Schweden, Belästigung durch die sogenannten Harzschützen brachten die Stadt an den Rand des Verderbens. Die schwerste Heimsuchung knüpft sich an den Namen Merode. Vom 17. bis 22. Oktober 1631 legte sich dieser Pappenheimische General mit acht Regimentern vor die Stadt, forderte 40000 Thaler Kontribution und ließ, als diese Summe nicht gezahlt werden konnte, sofort seine Geschütze und Mörser spielen, auch die nicht geschützten Vorstädte zum schreckenden Beispiel „gänzlich ruinieren und ausplündern". Vergebens bat der Rat „um Christi Blutes und Todes willen" fußfällig um Gnade, vergebens versuchten die Schulknaben und Mägdlein den harten Kriegsmann milde zu stimmen, vergebens war die Bitte der Bürger, mit Weib und Kind unter Zurücklassung aller Habe die Stadt verlassen zu dürfen. Die Kirchen wurden erbrochen, das Regierungsgebäude ausgeraubt, den Bürgern Wollen- und Leinentuch und andre Ware, auch Pferd und Wagen genommen, und Merode selbst nahm alles vorhandene Geld, Gold und Silber als Abzahlung, für den Rest hafteten die Geiseln, die er mit sich führte.

Nach jenem verderblichen Kriege hat sich die Stadt in stetiger und ruhiger Entwickelung zu einer der ersten Fabrikstädte des Harzes emporgeschwungen (7100 Einw.).

Unter der aus Flußkieseln erbauten Marktkirche ist die Fürstengruft der letzten Herzöge von Grubenhagen, deren Stamm 1596 mit Philipp II. erlosch, und ihrer Gemahlinnen. Das älteste Gebäude ist die mit der zwei Meter höher gelegenen Schloßkirche verbundene sehr starke viereckige Wegsklause. Eine malerische Gruppe bildet vor dem Johannisthore die Ruine der landesherrlichen Burg mit ihren in Gärten umgewandelten Gräben und der wie jene aus Flußkieseln in Gips erbauten Johanniskirche an ihrem Fuße. Wohl von den Grafen von Catlenburg vor 1130 erbaut, ging sie 1143 an deren Erben Heinrich den Löwen über und diente noch bis 1512 als Witwensitz der grubenhagenschen Herzoginnen. Jetzt wohnt in dem epheuumrankten, zur Hälfte abgespaltenen mäch-

Abb. 57. Wernigerode.
(Nach einer Photographie von F. Rose in Wernigerode.)

Abb. 58. Rathaus in Wernigerode.
(Nach einer Photographie von F. Rose in Wernigerode.)

tigen runden Turme nur noch die holde „Osterjungfrau“, die Wohlthäterin der Armen.

Die Söse, welche in der Stadt das große Kornmagazin bespült, aus dem die oberharzischen Bergleute ihr „Herrenkorn“ zu billigem Preise erhalten, folgt gleich den andern Flüssen dieses Harzrandes erst noch eine längere Strecke dem Gebirge in nördlicher Richtung; erst zwischen Baden= hausen und Eisdorf gelingt es ihr, ange= sichts der Ruinen der Hindenburg und des Lichtensteins durch eine Lücke im Gipszuge nach Süden zu entschlüpfen, um sich dann, bei Dorste sich westlich wendend, bei Elvers= hausen in die Ruhme zu ergießen.

IX.

Die Innerstelandschaft.

Die Innerste, der zweite und wichtigste Fluß der Klausthaler Hochebene, hat ihre Quelle in dem auf alten Karten Innerste= sprung genannten Entensumpfe, unfern des Dorotheer Zechenhauses, verstärkt sich durch die Abflüsse der großen Bergwerksteiche, von denen der Bärenbrucher, der Pixheier, der Schwarzenbacher, der Ziegenberger und der Große Sumpfteich bei Buntenbock die bedeutendsten sind, sammelt ihre Wasser in dem schön gelegenen, 477000 Kubikmeter

fassenden Prinzen= teiche bei der Ziegel= hütte und schlägt in einem von hier ab deutlich ausgeprägten Thale nördliche Rich= tung ein. Wo ihr der Zellbach die Wasser von 19 Teichen von rechts zuführt, wirbelt die Klausthaler oder Frankenscharner Sil= berhütte ihre Rauch= wolken verwüstend in die Luft.

Wenn wir uns einer im Walde oder in der Nähe desselben belegenen Silberhütte, nicht bloß der Klaus= thaler, nähern, so fällt es uns auf, daß die Fichten an den Berghängen statt des normalen Grün ein eigentümliches Blaugrau oder ein schmutzi= ges Dunkelgrün, oder häufiger noch ein ganz helles Gelbgrün zeigen. Und treten wir, um ihn näher zu betrachten, an einen solchen Baum heran, so finden wir neben normalgrünen fahle, mißfarbige, gelb=, trocken=, rotspitzige und ganz rote Nadeln; je näher wir der Hütte kommen, desto mehr nimmt diese Entfärbung von Grün in Rot zu, und da die roten Nadeln meist abfallen, so überzieht eine hohe, lose Nadelschicht den Waldboden, die Bäume werden fast kahl, die Äste und bei jüngeren Bäumen auch der Stamm dunkel bis kohlschwarz, die Äste trocken, die Kronen licht, und noch ehe wir die Hütte erreichen, endet der Wald mit weit auseinanderstehenden, ganz dünn benadelten Baumkrüppeln, die aussichtslos den letzten Kampf um ihr Leben kämpfen.

In unmittelbarer Nähe der Hütte aber wächst weder Baum noch Strauch noch Grashalm. Diese Rauchblöße der Klaus= thaler Hütte umfaßt 200 Hektar früheren Waldboden gegen 10 Hektar im Jahre 1750. Daran schließen sich aber noch 180 Hektar stark beschädigte Bestände mit spärlicher Heide und kümmerlichem Grase. Wie von dem völlig vegetationslosen Blößen= terrain, dessen zusammenhaltende Grasnarbe längst weggeräuchert ist, der Boden bis auf den letzten Rest von den Regengüssen abgespült wird, so daß demnächst nur der nackte Fels erhalten bleibt; so werden die jetzt lückigen Bestände allmählich in vollständige Blößen übergehen und die mäßig und schwach geschädigten nacheinander lückig werden. Aber da die klimatischen Verhältnisse und die Terrainbildung dieselben bleiben, so wird wenigstens das Gesamtschädigungsgebiet sich schwerlich noch vergrößern.

Was den Wald vergiftet und tötet, ist nicht etwa der metallische Flugstaub, den die Hütten im Hüttenrauch in die Luft senden. Der schadet wohl dem Rindvieh, das in der Nähe der Hütten weidet — der zuweilen tödliche „Kopfjammer" ist eine Bleivergiftung; der ruft auch bei Hirschen, die dort äsen, die abnormen Geweihbildungen hervor, die wir in den Harzer Forsthäusern mit Verwunderung betrachten; und die halbgelähmten Drosseln und Finken, die wir im Herbste kraftlos von einem Steinhaufen an der Chaussee zum andern flattern sehen, haben sich an den mit feinem Bleistaub bedeckten, verlockenden Vogelbeeren den Tod geholt. Aber das Gift, das den Pflanzen durch den Hüttenrauch zugeführt wird, ist die schweflige Säure. Wie die Chausseebäume bei Silbernaal zeigen, ist die schädliche Wirkung dieser Säure bei den Laubbäumen bedeutend geringer als bei den Nadelbäumen, denn während das im Rauch erkrankte Laubblatt bald durch ein

gesundes ersetzt wird, summiert sich in den Nadeln die Schädigung für mehrere Jahre. Nach den gemachten Erfahrungen und angestellten Versuchen sind die Eiche und die Ahornarten am widerstandsfähigsten, und nur mit dem Eichenniederwalde kann der Verwüstung mit Erfolg Halt geboten und dann vom Bestandesrande aus auch den Rauchblößen schrittweise wieder Terrain abgerungen werden.

Ehe wir in die Hüttengebäude eintreten, werfen wir einen kurzen Blick in die oberhalb des Hüttenbahnhofes terrassenförmig aufsteigende Aufbereitungsanstalt, die größte der Welt. Oben beim Ottiliäschacht begin-

Abb. 59. Das Frankenfeldsche Haus in Wernigerode.
(Nach einer Photographie von Sophus Williams in Berlin.)

nend, wo bis vor kurzem die mit Erz ge=
füllten Eisenkästen unmittelbar aus den
Schiffen 400 Meter hoch gehoben und ge=
stürzt wurden und jetzt die Wagen der
elektrischen Bahn, welche die Erze des
Burgstätterzuges herzuführt, entladen werden,
nehmen wir die entsetzlich prasselnden Stein=
brecher und weiter die Walzwerke (zur Zer=
trümmerung) und Trommeln (zur „Klassie=
rung", Sonderung nach dem spezifischen

beiten und treten durch die Schlammwäsche
wieder ins Freie.

Auch auf der Hütte steigen wir zu=
nächst in die oberen Räume, sehen hier
die Schliechvorräte der einzelnen Gruben
lagern und abwägen, dann nieder steigend
auf der „Gicht" die Beschickung der Oefen
(Schliech, Niederschlagsmaterial, Flußmittel)
und im Hüttengebäude selbst von den von
den bläulichen Flammen umzuckten und

Abb. 60. Markt und Rathaus in Halberstadt.
(Nach einer Photographie von Stengel & Co. in Berlin.)

Gewicht) in Augenschein, durchwandern die
Sortierhäuser, wo das Klauberz durch der
Pochknaben flinke Hand in Bleiglanz, Blende,
Kupfer= und Schwefelkies, „Pocherz" und
„Berg" geschieden wird, die Pochwerke,
wo 176 je 180 Kilogramm schwere
eiserne Stempel mit ihrem stählernen
„Schuh" die Erze in Tiegeln aus Hart=
guß unter so entsetzlichem Lärme zer=
schmettern, daß man auch den lautschreien=
den Nachbar kaum versteht, sehen dann
Stoßherd, Setzmaschine und Kehrrad ar=

umspielten Öfen die glühenden Metallmassen
zischend und wieder aufwallend in die kessel=
artigen Vertiefungen strömen, die Kruste
des Bleisteins herausheben und das Werk=
blei in lange, schmale Formen füllen und
nehmen zum Schluß, mit dem Silberblick
auf Lautenthal vertröstet, auf dem Hütten=
hofe die Röstung des Bleisteins, die jenen
die Vegetation zerstörenden Hüttenrauch
hinaussendet, in Augenschein (Abb. 21).

Weiter der Innerste folgend, gelangen
wir unterhalb des „Silbernaals" an die

Abb. 61. Halberstadt.
(Nach einer Photographie von Stengel & Co. in Berlin.)

Stelle, wo der Fluß einen Teil seiner Wasser den Gruben bei Grund durch den den Bauersberg durchsetzenden Schultestollen zusendet.

In ein nach oben sich verzweigendes, aber nur nach dem Lande zu offenes Thal eng und geschützt eingebettet, ist die Bergstadt Grund (Abb. 24) der älteste der oberharzischen Kurorte, übt aber, nur durch einen rings umher laufenden, meist stark ansteigenden grünen Wiesenstreifen vom frischen Laub- und Nadelwald getrennt, durch die Anmut seiner Lage und die Schönheit seiner Umgebung noch immer seine alte Anziehung aus. Obwohl nur etwa 300 Meter hoch und fast am Rande des Oberharzes gelegen, erhält es durch die einschließenden Berge, namentlich durch den fast jäh aufsteigenden Jberg (das ist Eibenberg) wirklichen Gebirgscharakter. Unsern Weg zu diesem 562 Meter hohen Korallenriff nehmen wir über den Hübichenstein und die Tropfsteinhöhle. Jener ist der 40 Meter hohe feinkörnige Kalksteindoppelfelsen, unter dem der wohlthätige Zwergkönig Hübich, der verzwergte Wuotan, seine reichen Schätze bewacht; diese enthält eine ganze Reihe schöner Gebilde, von denen der „versteinerte Wasserfall" am überzeugendsten wirkt; in der Nähe seines Einganges steht die einzig übriggebliebene Gruppe alter Eiben (Taxus), von denen der Berg seinen Namen hat. Von der Plattform des die hohen Buchen überragenden Holzturmes überblickt man einen Teil des westlichen Oberharzes, vor allem aber über das zu den Füßen „im Grunde" liegende Städtchen hinaus die welligen Hügellandschaften bis zum Turmberge bei Hackenstedt und Griesberge bei Almstedt im Norden und den die Kahle Zelle bei Grünenplan überragenden Wesergebirgen im Westen und dem Herkules und Meißner und den Thüringer Bergen im Süden.

Ein bequemer Abstieg führt uns über den „Schweinebraten" zurück in das sich immer tiefer einschneidende Innerstethal. In eine halbkreisförmige Krümmung desselben und in das hier mündende Spiegelthal liegt Wildemann (Abb. 23), die kleinste der sieben Bergstädte, hart eingeklemmt. Die Berge steigen unmittelbar hinter den Häusern so steil an, daß das duftige Heu der Bergwiesen nur in „Säumen" auf dem Rücken von den Frauen eingeschafft werden kann, und daß vor einigen Jahren ein Riß am Berge eine Häuserreihe in die Innerste zu schieben drohte. Bei der Linde vor dem Rathause, die nach der Inschrift der wilde Mann höchst eigenhändig gepflanzt hat, erinnern wir uns daran, daß der zum Sinnbild des Harzes gewordene Wildemann, der die Moosweibchen (die Wolken) jagt, mit dem Sturmgott Wuotan, dem wilden Jäger, identisch ist.

Da die Innerste das Gebirge in „widersinniger" Richtung zerreißt, so bietet ihr in seinen Windungen so abwechselungsvolles Thal neben dem Flußbett kaum Platz für die Fahrstraße, schon die Eisenbahn hat sich durch und in die Felsen graben müssen. So sind denn auch Siedelungen an ihr, selbst die Zechen- und Forsthäuser und Sägemühlen, nur da möglich gewesen, wo durch Einmündung eines Baches eine Thalerweiterung entsteht. Die Berge um Lautenthal (Abb. 25) sind noch höher als bei Wildemann, aber die nur noch 300 Meter — 125 Meter tiefer als diese — belegene Stadt konnte sich etwas behäbiger ausbreiten: die Straßen ziehen sich im Thale der Laute und auf einem mählich steigenden Berghange auf dem rechten Ufer ziemlich weit hinauf. Von der Höhe über der „Prinzeß Karoline", die der schöne Fußweg über die Schildauköte nach Seesen erklettert, hat man einen großartig schönen Blick auf die Stadt.

Bei Langelsheim, wo — wie in Lautenthal — eine Silberhütte dampft, tritt der Fluß durch eine majestätische Gebirgspforte in das Vorland. Bei niedrigem Wasserstande erscheint sein Wasser schon hier fast durchsichtig; der giftiges Bleioxyd führende Pochsand hat sich im kiesigen Flußbett nach und nach niedergeschlagen. Rührt aber Hochwasser diese Schlammmassen auf und reißt sie brausend mit fort, dann ist die Innerste eine graue, dicke Flüssigkeit, und wo sie über ihre Ufer steigt, lagert sie unglaubliche Mengen des feinen Pochsandes auf Wiesen und Äcker im unteren Innerstethal ab.

Auf ihrem linken Ufer eilt der Innerste das Flüßchen Neile zu, die das Schlachtfeld von Lutter und die Heimat des sagenhaften „Thedel von Wallmoden Unverfehrt" bespült.

Längeren Laufes und wasserreicher als die Netle, die bei der Darmpfuhlsmühle mündet, ist die Nette, welche der Innerste alle Wasser zuführt, die von dem hohen Bergzuge auf dem linken Ufer dieses Flusses bei Wildemann nach Westen rinnen. Am höchsten greift der Pandelbach, die alte Grenze zwischen Engern und

Ostfalen, zwischen Mainz und Hildesheim, hinauf; seine Quelle liegt an dem allen Harzwanderern bekannten „Keller", einem haustief in das bröcklige Gestein steil eingeschnittenen schmalen Hohlwege, auf dem einst den Walkenrieder Hütten im oberen Nettethal die Rammelsbergschen Erze zugeführt wurden. Welch ein beschwerlicher Umweg! Aber die Gegend zwischen Langelsheim und Hahausen war ehemals — und noch zur Zeit der Schlacht bei Lutter — ein unpassierbarer Sumpf.

Bei Münchehof (das ist Hof der Walkenrieder Mönche) tritt der Pandelbach, in dessen klaren Wassern das üppige Buchengrün flimmernd sich spiegelt, aus dem Oberharze heraus. Gleich darauf bespült der verstärkte Bach das alte, aber außen und innen modernisierte Schloß Kirchberg, das mit seinem Burggraben

Die nicht bedeutenden Ruinen der Staufenburg — namentlich ein dicht von Epheu umwobener zerspaltener Turm und Reste des Eingangsthores, vor dem eine mächtige Linde von hohem Alter steht —

Abb. 62. Inneres des Domes zu Halberstadt.
(Nach einer Photographie von Römmler & Jonas in Dresden.)

und seinem von prächtigen Baumgruppen begrenzten Schloßteiche sich von dem fruchtbaren Gefilde gar ausdrucksvoll abhebt. Nach .ihm benannten sich Heinrichs des Jüngeren legitimierter Sohn Heinrich Theuerdank und dessen Mutter Eva von Trott.

finden sich auf einem Kegel, der aus dem buchenbestandenen Muschelkalkzuge, der den Oberharz im Westen in geringem Abstande begleitet, wenig auffällig hervorragt. Hervorragende Bedeutung für die Kulturgeschichte des Oberharzes erhielt die Burg, als 1505 hier die Herzogin Elisabeth von

Abb. 63. Michaelstein.
(Nach einer Photographie von Sophus Williams in Berlin.)

Braunschweig=Wolfenbüttel ihren Witwen=
sitz nahm und dem Bergbau ihre ganze
Liebe zuwandte. Um sich an der sich mehr
und mehr ausdehnenden Montanindustrie
zu erfreuen, besuchte sie gar oft persönlich
den rasch aufblühenden Ort „im Grunde“,
dessen Kapelle sie zur Pfarrkirche erhob.
In ihre Fußtapfen trat 1521 ihr Groß=
sohn und Erbe, Herzog Heinrich der Jün=
gere. Mochte ihn vielfach auch die Sehn=
sucht nach seiner geliebten Eva, an deren
Statt er eine ausgestopfte Puppe nach sein
gespielter Todeskomödie mit Sang und
Klang in Gandersheim hatte begraben lassen,
nach der Staufenburg ziehen, wo sie in
stillster Einsamkeit, mehr einer Gefangenen
als einer fürstlichen Geliebten ähnlich, ihre
Jugendjahre verlebte; so besuchte er doch auch
später, als er 1541 Eva mit ihren Kindern
nach der festeren Liebenburg geschickt hatte,
häufig die Staufenburg, um von hier aus
seine neu entstandenen Bergstädte Zellerfeld
und Wildemann, deren Gruben und Hütten
in Augenschein zu nehmen. — Von seinen
Nachfolgern aber hat keiner auf der ver=
schwiegenen Burg auch nur vorübergehend
residiert. So verfiel sie nach und nach,
und 1778 fand man den Aufenthalt in dem
alten Gemäuer selbst für die Gefangenen
und deren Wärter zu lebensgefährlich.

Die Nette, welcher der Pandelbach und
mehrere andre größere und zahlreiche kleine
Bäche ihr Wasser zuführen, entspringt am
Netteberge bei Herrhausen. Ihr Gebiet
führt — sogar noch im Volksmunde —
den Namen Ambergau.

Von rechts nimmt die Nette die aus
dem Oberharze kommende Schildau auf.
Der Weg von der Schildauköte am Fuße
des Schildberges, der die unbedeutenden
Ruinen einer vom Grafen Hermann von
Winzenburg um 1148 erbauten Burg trägt,
auf dem „Forellenstieg“ an dem schäumen=
den Flüßchen hinunter über den „Grünen
Jäger“ nach Seesen gehört zu den schönsten
im ganzen Harze.

Seesen, in den Friedensverhandlungen
zwischen Heinrich dem Zänker und den
sächsischen Großen 984 zuerst erwähnt, hat
erst nach Anlage der Eisenbahnen, die von
ihm strahlenförmig nach fünf Seiten laufen,
kräftigen Aufschwung genommen und weniger
begünstigte Städte raschen Schrittes über=
holt. Unter den wenigen alten Häusern,
welche die häufigen Feuersbrünste überstanden
haben, ist außer dem früheren Schlosse
kaum ein architektonisch bedeutsames.

Obwohl Seesen in einer Höhe von nur
219 Meter am Rande des Oberharzes
liegt, fühlt und glaubt man sich hier

mitten im Gebirge, denn die Höhen, welche den Ambergau im Westen begrenzen, und die Berge, welche von Hahausen das rechte Netteufer begleiten, erscheinen dem Auge fast von gleicher Höhe wie der eigentliche Harz. Mit besonderem Wohlgefallen aber ruht es auf dem Bergzuge des Heber, dessen helles Laubgrün zu dem gegenüberliegenden dunkeln Harzwalde einen freundlichen Kontrast bildet. Gleich einem verwitterten, halb zertrümmerten Felsen ragt aus den hohen, schlanken Buchen ein altes Gemäuer hervor und überschaut wie ein Herrschersitz den Gau thalauf und -ab. Es ist die Ruine der Burg Woldenstein, der Sage nach die Heimat des vom heiligen Bernward, seinem Verwandten, erzogenen gelehrten Bischofs von Meißen (1066—1106) und eifrigen Bekehrers der Wenden, des vom Papste Hadrian VI. 1523 heilig gesprochenen St. Benno. Aber die Burg ist erst 1295 von den Grafen von Woldenberg erbaut. Ihr Ende fand sie 1519 in der verwüstenden „Stiftsfehde".

Der Nette folgend, treten wir bei Rhüden, wo aus den oberen Schichten des bunten Sandsteins eine schwache Sole quillt, in die Gegend des erst einige Jahrzehnte alten, aber lohnenden Kalibergbaues ein, der von hier den Nordrand des eigentlichen Harzes im Halbbogen umzieht.

Über die durch ihre geschmackvollen Gußwaren rühmlichst bekannte Wilhelmshütte und die durch Steinbrüche zerwühlte Stätte der Pfalz Königsdahlum gelangen wir nach Bockenem, der an mutig gelegenen, alten Hauptstadt des Ambergaues,

die von den Grafen von Woldenberg, deren Wappen sie noch heute führt, schon im Jahre 1300 Stadtgerechtsame erhielt. Nach den großen Feuersbrünsten von 1685 und 1847, arm an altertümlichen Bauwerken, macht doch die vom Flußufer sanft aufsteigende Stadt mit ihren breiten, sauberen Straßen und behäbigen Bürgerhäusern, ihrem geräumigen, mit Linden bepflanzten und von zwei Kirchen begrenzten Marktplatze einen wohlthuenden Eindruck. Weit blickt der mächtige 60 Meter hohe Turm der Pancratii-Kirche, dessen unterer, festungsartiger Teil wohl noch aus der Zeit Ludwigs des Frommen stammen mag, rings in die Lande hinaus. Im Innern des einfach-schönen Gotteshauses, einer dreischiffigen, gotischen Hallenkirche, fallen besonders die sehr alten aus Holz geschnitzten Standbilder der Apostel und der heiligen Jungfrau, welche

Abb. 64. Mönchseiche bei Michaelstein.
(Nach einer Photographie von J. Rose in Wernigerode.)

— lange unter Steingeröll begraben — vom Professor Küsthardt kunstverständig renoviert, das in Formen der Spätrenaissance reich dekorierte messingene Taufgefäß und das von dem aus Bockenem stammenden Maler Nepperschmidt herrührende Wandgemälde „der barmherzige Samariter" ins Auge. In ihrer Nähe liegt das einzige Fachwerkhaus aus dem sechzehnten Jahrhundert, die alte Generalsuperintendentur; im Winter 1626 diente sie Tilly als Hauptquartier.

dunklen oberharzischen Berge von Lautenthal, Goslar und Klausthal auf, und über sie alle schaut aus weitester Ferne der Vater Brocken mit dem Königsberge herüber, oft noch weißgelockt, wenn hier schon alles grünt und blüht, oft auch im Strahl der scheidenden Sonne mit flammenumspieltem Scheitel. Wirkungsvoller als dieser ist kein andrer Blick auf den Harz.

Eine viertelstündige Wanderung durch stattlichen Buchenwald führt uns nach dem Schlosse Söder (Abb. 26). Überraschend

Abb. 65. Burg Regenstein.
(Nach einer Photographie von F. Rose in Wernigerode.)

Vom Dorfe Werder aus, nach dessen Burg sich das Dynastengeschlecht der Grafen von Werder und später ein Zweig der Woldenberger schrieb, ersteigen wir auf bequemem Waldpfade den Weinberg, der uns bis dahin das Schloß Söder verdeckte. Da, wo die Bockenem-Hildesheimer Chaussee vom Dorfe Rette aus die Höhe des Weinbergs in Schlangenwindungen erklettert, hat man einen großartig schönen Blick über die wellenförmige Bockenemer Ebene auf das Harzgebirge: auf den üppig bewaldeten Muschelkalkzug der Nauer Berge und der Osterköpfe türmen sich terrassenförmig die

schön liegt es inmitten seines herrlichen Parkes mit blinkenden Teichen, prächtigen Baumgruppen und sammetartigen Rasenflächen. Anfang des vorigen Jahrhunderts war dieses Schloß des kunstsinnigen Domherrn Moritz von Brabeck der Sammelpunkt berühmter und hochstehender Personen; von seinen Gästen nenne ich nur C. von Strombeck, den Freiherrn zum Stein, Graff und Iffland, Karoline von Humboldt und Marie Körner; auch die Königin Luise von Preußen war hier im Jahre 1805.

Bildet Söder mit seiner Flur eine stille,

liebliche Waldoase, so blickt das Schloß Derneburg (Abb. 27), der Familiensitz des Fürsten Münster, frei ins Land hinaus. Gar wirkungsvoll heben sich die rotbedachten Schloßgebäude mit ihren vielen Türmchen vom dahinter aufsteigenden buchengrünen Donnersberge ab.

Ein noch fahrbares Stück der mittelalterlichen Augsburger Straße benutzend, ersteigen wir von dem Marktflecken Holle aus, der Heimat des Ritters Berthold von Holle, der als der erste in diesem Teile Deutschlands im Anfange des dreizehnten Jahrhunderts in deutscher (höfischer) Sprache dichtete, den Woldenberg, den alten Herrschersitz dieser Lande weit und breit. Dem weitverzweigten Grafengeschlecht der Woldenberger, dessen Stammvater Ludolf vom Kaiser Lothar ausdrücklich zu den „Fürsten“ gezählt wird, kam zur Zeit der Staufer in den Harzlanden kein andres an Macht und Ansehen gleich; im Besitze vieler Burgen und Schirmvogteien, übten sie den Königsbann in acht Gauen. Die „Seele der kaiserlichen Partei“ in Norddeutschland, haben die Woldenberger ihre Kräfte im Kampfe für die Hohenstaufen verzehrt, und Graf Gerhard, der Letzte des Geschlechts, starb 1383 ziemlich verarmt.

Vorübergehend Residenz des Fürstbischofs, ward der Woldenberg 1641 durch Kaiserliche teilweise zerstört, doch konnte die Burg noch anderthalb Jahrhunderte als Amthaus bewohnt werden, ehe man sie als Steinbruch benutzte. Vor etwa 50 Jahren ist der hohe Bergfried, aus dem oben die Bäume ihre grünen Arme herausstreckten, vor der weiteren Zerstörung geschützt und zu einem herrlichen Aussichtspunkte umgewandelt. Nach allen Seiten reicht der Blick weit über Wald und Land, über fruchtbare Thäler und immer höher sich auftürmendes Gebirge. Überaus anmutig leuchtet im westlichen Vordergrunde das Schloß Henneckenrode (Abb. 28), die Blumsche Waisenstiftung, mit seinen Teichen über das Waldgrün hervor, und nicht weniger herzerquickend ist der Blick auf den mittleren Teil des Ambergaues mit seinen reichen, gesegneten Fluren, seinen schmucken Dörfern, die sich um die einst woldenbergsche Stadt Bockenem gruppieren. Wohl erhalten ist auch das von zwei Türmen flankierte Thorhaus, von denen der eine in Form eines Dreiviertelkreises in den trockenen, in den Fels gebrochenen Burggraben vorspringt und in seinem Obergeschoß ein polygonales, aus Fachwerk gebautes Turmzimmer trägt.

Abb. 66. Schloß Blankenburg.
(Nach einer Photographie von J. Rose in Wernigerode.)

An der Felsschlucht unterhalb des Binnenhofs, die uns den Wahlspruch eines „Drosten": „Solitudo solo beatitudo!" nachruft, vorüber, lenken wir unsere Schritte den lauschigen Wald uralter Eichen und Buchen hinab, wie man sie in solcher Schönheit nur selten noch zu sehen bekommt, dem auf scharf abfallendem Felsvorsprunge in stiller Waldeinsamkeit des Hainbergs belegenen St. Hubertus-Jägerhause zu, an dessen Felsenkapelle (Abb. 29) sich die Sage von der Bekehrung des heiligen Hubertus, des Schutzpatrons der Jäger, knüpft. Das von Künstlerhand zu beiden Seiten des Altars in die Felswand gehauene Relief

Bildung angehörend. Der Aufstieg auf eine der zugänglich gemachten Klippen gewährt bei guter Beleuchtung der Landschaft hohen Genuß.

X.

Die Okerlandschaft.

Der dritte Fluß der Klausthaler Hochebene, die Oker, das ist reißender Strom, schlägt dieselbe „widersinnige" Richtung ein wie die Innerste. Sie entspringt beim Okerstein am Westabhange des Bruchberges in 800 Meter Meereshöhe, stürzt bis Altenau 320 Meter in einem Querthale steil herab und vereinigt sich innerhalb der

Abb. 67. Blankenburg im 17. Jahrhundert (nach Merian.)

— hier der Hirsch mit dem zum Kruzifix gewordenen Jagdspieß im Geweih, dort auf den Knieen der Jäger mit anbetend erhobenen Händen, hinter ihm der Knappe mit dem Jagdroß, — stammt nach der an der gegenüberliegenden Grottenwand eingehauenen Inschrift aus dem Jahre 1733; älter ist die arg beschädigte und vom Rauch geschwärzte Darstellung am äußeren Felsen, nach welcher der vom Hirsch durch eine Schlucht getrennte Hubertus sein Roß selbst hält.

In etwa einer Viertelstunde erreichen wir vom Jägerhause die „Bodensteiner Klippen", aus dem üppigen Buchenwalde hoch und steil aufsteigende, kahle Sandfelsen, ähnlich der Teufelsmauer bei Blankenburg und offenbar derselben geognostischen

Stadt mit der kleinen Oker, der jetzt Schneid= das ist Grenzwasser genannten Altenah und dem durch den Rotenbach verstärkten Gerlachsbach.

Eine Oase im grünen Waldmeere, liegt die jüngste Bergstadt Altenau, — fast nur auf einer Seite von einer blumenreichen Wiesenflur, die aber einen steilen Berg darstellt, begrenzt, in die schützenden Thäler eingesenkt. Prächtige Spaziergänge namentlich den Dammgraben entlang, der den Bruchberg in Schlangenwinduugen umzieht, ein herrlicher Blick über den ganzen Westharz von der Wolfswarte, vor allem aber der großartig schöne Weg über den Rabenthaler Wasserfall und an der Steilen Wand hin nach dem Torfhanse fesseln gleichmäßig den Sommerfrischler wie den Harzwanderer.

Abb. 68. Blankenburg.
(Nach einer Photographie von F. Rose in Wernigerode.)

Den Ahrendsberg mit seinen Klippen, einen Glanzpunkt des Harzes, ersteigen wir am besten von dem unterhalb der Hütte belegenen Gemkenthal auf dem Wege nach Harzburg.

Sich windend und krümmend zwängt sich die durch das Weißewasser, durch Kellwasser und Kalbe und kleinere muntere Bäche verstärkte Oker nach Norden durch eine enge Spalte festen, weißen Granits. Schäumend umtanzt sie die Granitbrocken, die ihr den Weg versperren möchten; um-

Hexenküche und die Bastei der „Käste". Die interessanteste und wildeste Strecke des Okerthals ist die vom Gasthaus Romkerhalle, wo von rechts die Romke mit etwas Nachhilfe in drei Absätzen 65 Meter hoch vom buntgebänderten Felsen springt (Abb. 30), von ferne gesehen einem herabhängenden breiten Silberbande nicht unähnlich, und die zerschäumten, zersprengten und zerstäubten klaren Wasser in dem der buntgemischten, allstündlich sich erneuernden Gesellschaft erfrischende Kühle zuhauchenden

Abb. 69. Dorfstraße in Schierke.
(Nach einer Photographie von F. Rose in Wernigerode.)

spielt den Jaspisfelsen der hellschimmernden Birkenburg; finster blickt der Ahrendsberg hernieder; wunderbare Felsgebilde, manche durch eine einzelne Föhre oder durch eine kleine Gruppe dieser „Harzceder" ausdrucksvoll bezeichnet, schauen von den fichtendunklen Höhen herab, wie der Mönch, der große Kurfürst, die Madonna, Zieten, der schlafende Löwe; großartiger aber noch sind die Granitkolosse am Wege nach Harzburg, die sich nicht in den Vordergrund drängen: die Grotte und die Mausefalle, diese unheimlichen Bauwerke der Natur, die jeden Augenblick zusammenzubrechen drohen, die

Becken zu sammeln sucht, bis abwärts zum Waldhause am Beginn des Goslarschen Fußweges: im frühen Mittelalter führte kein Weg neben dem Flusse herauf, und die später hergestellte gefährliche Fahrstraße hielt sich streckenweise in respektvoller Entfernung; erst um 1860 ist ihr durch Sprengung der Felsen überall Raum neben dem Flußbett geschaffen; großartige neue Bilder erschließt aber der Fußweg durch das bisher unzugängliche Klippengewirr zur Linken, an dem der Harzklub eifrig arbeitet.

An majestätischer Schönheit läßt sich mit dem Okerthale nur das Bodethal in

Abb. 70. Schierke.
(Nach einer Photographie von F. Rose in Wernigerode.)

Parallele stellen; wem der Preis gebührt, ist nicht zu sagen. Sind die Bodefelsen kühner gestaltet, wilder, schroffer, aber durch das helle Buchengrün doch gleichsam warm abgetönt, so wird der Ernst der weniger jähen, aber immerhin trotzig und mehr in Einzelgestalten herausspringenden Okerfelsen durch das düstere Tannengrün der mächtigen Bergwände, von denen sie sich kräftig abheben, stimmungsvoll verstärkt: verschieden wie die Meisterwerke zweier großen Maler, aber gleich in ihrem bestrickenden Eindruck auf Sinn und Gemüt.

Auf der 14 Kilometer langen Strecke von Altenau bis zu dem großen Hüttenorte Oker, wo der Fluß in 210 Meter Meereshöhe in das Land tritt, hat er ein Gefälle von 1:52.

Zwischen dem Sudemerberg, auf dem eine alte Warte weithin die Straßen überblickt, und dem Petersberge, auf dem oberhalb der Klus, eines vom großen Christoph als Sandkorn aus dem Schuh geschütteten Felsen mit eingehauener Kapelle, die Grundmauern des Petersstiftes bloßgelegt sind, eilt der Innerste die beim Auerhahn entspringende Gose zu, nach der Goslar (Abb. 32) seinen Namen führt.

Die erste Blütezeit dieser Kaiserstadt (die 979 zum erstenmale urkundlich genannt wird) schließt mit dem Ende der Staufer. Ihres Glanzes als Residenz nach und nach entkleidet, gewann sie doch bald unter den Städten der Hansa einen festen, Achtung gebietenden Stand. Von grundlegender Bedeutung war die Erlangung der vollen Selbständigkeit: im Jahre 1290 traten ihr die Grafen von Woldenberg die Reichsvogtei ab: an die Stelle des Woldenbergischen Dienstmannes trat nun der städtische Vogt, an die Stelle der Grafen selbst ein von der Stadt auf bestimmte Jahre gewählte Schutzherr; bald darauf ward auf Grund der von den Kaisern verliehenen Rechte und der alten Weistümer (Gerichtsentscheidungen) das Rechtsbuch entworfen, das als Goslarsches Recht in vielen Städten Eingang fand, so daß der Rat zu Goslar der Oberhof für ein ganzes Land wurde. Mit Geschick und Nachhaltigkeit wußte sie auch den freien Stiftern in und vor ihren Mauern wertvolle Rechte abzugewinnen und sich in den Besitz der vom Bergbau zu zahlenden Vogteigelder zu

setzen. Ihren nach Flandern, Wisby und Nowgorod reichenden Handel schützte sie durch ihre Bündnisse mit den benachbarten Städten, durch ihre Freundschaft mit den Bischöfen von Hildesheim und den Herzogen von Braunschweig, durch Erwerbung des Pfandbesitzes der sie einengenden Burgen. Im Anfange des sechzehnten Jahrhunderts, wo sie Luthers Reformation annahm, hatte Goslar, eine „der acht fürnembsten von allen Erbarn- Frey- und Reichs-Städten", den zweiten Höhepunkt der Entwickelung und Wohlstandes erreicht. Ihre Befestigungswerke waren verstärkt und Wälle und Türme mit grobem Geschütz reichlich ausgestattet. 40 gottesdienstliche Stätten zeugten vom frommen und wohlthätigen Sinne der Bürger.

Trotz und Übermut gegen ihren Bergherrn knickte die zweite Blüte der Stadt gewaltsam, brach ihre Macht für alle Zeiten. Im Jahre 1235 hatte Friedrich II. dem Herzog Otto dem Kinde den kaiserlichen Bergzehnten und damit das volle Bergregal erblich zu Lehen gegeben, und Ottos Sohn Albrecht als Bergherr 1271 die älteste Bergordnung des Harzes erlassen. 1375 waren dann Zehnten und Berggericht in den Pfandbesitz des Rates der Stadt gekommen, der mehrfach, zuletzt noch 1509, die Pfandsumme erhöhte, um die Einlösung zu erschweren. Der energische Heinrich der Jüngere aber, der eifrige Bergmann im Oberharz, kündigte der Stadt die Pfandschaft und zahlte die mit Hilfe der vermittelnden Städte Magdeburg und Braunschweig .auf fast 25 000 rheinische Gulden für seine Hälfte festgesetzte Pfandsumme trotz ihres Widerstrebens aus und ließ sich auch von seinem Vetter Philipp von Grubenhagen dessen Hälfte der Pfandschaft abtreten. Da weigerte sich die Stadt, den Herzog als Bergherrn anzuerkennen und seinem Berggericht sich zu fügen, stellte trotzig den ganzen Bergbau ein, ergriff die Waffen gegen den in Riechenberg lagernden Herzog und verwüstete am 22. Juli 1522 alle innerhalb der Landwehr belegenen geistlichen Stiftungen, das berühmte Petersstift, das reiche Kloster Georgenberg und die Kirche des heiligen Grabes. Doch gewann Goslar infolge der Verwickelungen des Herzogs in die großen Händel der Zeit und seiner Gefangennahme in der

Schlacht bei Calefeld noch einmal eine kurze Frist. Im Jahre 1552 fand Heinrich endlich Zeit, mit Ernst gegen Goslar vorzugehen. Und so übermütig die Reichsstädter einige Jahrzehnte zuvor gewesen waren, so demütig zogen sie nun nach Riechenberg hinaus und baten um Frieden. In diesem Vertrage zu Riechenberg mußte der Rat mit seinen Zugeständnissen weit über das früher vom Herzog Geforderte hinausgehen, diesen auch zum Erbschutzherrn annehmen und ihm den größten

von 1780 sah, die 244 Gebäude in Asche legte, sie „einen sehr kleinen, traurigen, menschenleeren Ort" mit einem Magistrat von 99 Personen (wobei er die 55 Gildevertreter mitzählt) nennen konnte. Die Käuflichkeit ihrer Justiz war sprichwörtlich, die in hohem Grade verarmte Bürgerschaft wurde vom kleinlichsten Zunft- und Kastengeist beherrscht.

Der Übergang an Preußen im Jahre 1802 legte den ersten Grund zu neuem Aufschwung: die Landstadt Goslar erhielt

Abb. 71. Braunlage.
(Nach einer Photographie von F. Rose in Wernigerode.)

Teil der Forsten abtreten. Mit der Selbständigkeit der Stadt war's für immer vorbei, und der Bergbau am Rammelsberge gehörte fortan den Herzögen von Braunschweig.

Zu Ende des dreißigjährigen Krieges, der auch noch den Handel der im Rückgange begriffenen Stadt lahm legte, war die Kämmerei tief verschuldet und die durch die Pest gezehntete Bürgerschaft entkräftet. Eine verheerende Feuersbrunst von 1728 führte zu weiterer Verarmung, so daß Goethe sie 1777 die vermodernde Reichsstadt und der spätere Minister von Schön, der sie 16 Jahre nach der Feuersbrunst

das bedeutende Vermögen der reichsunmittelbaren Stifter zugewiesen, das die Reichsstadt niemals besessen hatte, und erhielt ein geordnetes Kirchen- und Schulwesen. In der zweiten Hälfte des neunzehnten Jahrhunderts begann dann die Stadt, namentlich nach ihrem Anschluß an das Eisenbahnnetz, sichtbar fröhlich aufzublühen; und wie der wiedererwachte Sinn für Geschichte und Altertumskunde ihr jährlich einen starken Strom wißbegieriger Reisenden zuführt, so veranlaßt ihre schöne und gesunde Lage gar manchen auch zu dauernder Niederlassung. Sie hat jetzt 16 400 Einwohner.

Unſern Rundgang durch die Stadt, die uns noch immer ein gut Stück mittelalter= licher Baukunſt vorführt, beginnen wir beim Bahnhofe. Zwiſchen dem „Achtermann“ aus dem Jahre 1500, einem der vier mächtigen Zwinger des Roſenthores, und dem Kloſter Neuwerk, deſſen maleriſch im wohlgepflegten Kloſtergarten belegene Kirche, eine zwei= türmige romaniſche Pfeilerbaſilika mit Quer= haus, um das Jahr 1200 erbaut iſt, ge= langen wir durch die enge Fiſchmäkerſtraße auf den von zwei Seiten durch hochinter= eſſante Häuſer eingeſchloſſenen Marktplatz.

Am wirkungsvollſten iſt die 1494 als Gildehaus der Gewandſchneider erbaute Wort (jetzt Hotel Kaiſer=Wort) mit einem auf konſolenartigem Unterbau vorſpringenden achteckigen Mittelturm und vier erkerartigen Ausbauten. Die acht hölzernen — vom Spötter Heinrich Heine mit gebratenen Uni= verſitätspedellen verglichenen — aus Holz verfertigten lebensgroßen Figuren, welche in gotiſchen Niſchen zwiſchen den recht= eckigen Fenſtern ſtehen, werden gewöhnlich als acht um Goslar verdiente Kaiſer, vom

Profeſſor Küſthard aber als „die acht guten Helden“ angeſprochen.

Das Rathaus, in Heines Augen nur „eine weiß angeſtrichene Wachtſtube“, be= ſteht aus einer Gruppe einen kleinen Licht= hof einſchließender Gebäude aus dem fünf= zehnten und ſechzehnten Jahrhundert, deren Frontſeite auf einem von achteckigen Pfeilern getragenen Bogengange mit Kreuzgewölbe ruht (Abb. 31). Durch die ehemalige Ge= richtslaube betreten wir die „Rathausdiele“, den alten Huldigungsſaal; von ihren alten Kronleuchtern trägt einer der aus Hirſch= geweihen gefertigten die ſchöne Inſchrift:

<blockquote>
O goslar, du biſt togedan
Den hilgen romeſten rike
Sunder mibbel (d. i. Falſch) unnd wane,
Nicht macſtu darvon wiken.
</blockquote>

Das jetzt Huldigungszimmer genannte Zimmer mit reichem, wertvollem Bilder= ſchmuck an Wand und Decke, welcher die Weiſſagungen vom Meſſias im Heidentum durch die Sibyllen, im Judentum durch die Propheten und die durch die Evangeliſten bezeugte Menſchwerdung Chriſti zum Grund=

Abb. 72. Hermannshöhle. Blaue Grotte.
(Nach einer Photographie von F. Roſe in Wernigerode.)

Abb. 73. Trefeburg.
(Nach einer Photographie von F. Rofe in Wernigerobe.)

gedanken hat, wird die alte Ratskapelle sein; es enthält wertvolle Urkunden und Altertümer, darunter ein prachtvolles, mit farbenschönen Miniaturen geziertes Evangelienbuch aus dem dreizehnten Jahrhundert, und in der kleinen Altarconcha, deren Gemälde Christi Leiden und den Heiland als Weltenrichter darstellen, besonders die silberne Bergkanne, eine ausgezeichnete Arbeit aus dem Jahre 1477. — Das wunderlichste Baudenkmal ist das vom Magister Thalling 1521 erbaute Brusttuch, ein Patrizierhaus mit trapezförmiger Grundfläche und völlig windschiefem Dache, Glasmalereien an den gotischen Fenstern und reichem Schnitzwerk — Ornamenten, Figuren und phantastischen Gestalten — an Schwellen, Ständern und Konsolen. Zierlicher und anmutiger ist das 1557 erbaute Bäckergildehaus.

Durch die Breite Straße, die noch hübsche alte Häuser mit Erker und vorgekragtem Obergeschoß und geschnitzten Balkenköpfen aufzuweisen hat, gelangen wir an das Breite Thor mit seinen vier starken Türmen und über den Annenwall mit seinen Teichen und alten Ulmen an dem 1517 erbauten dicken Zwinger, der in seinen sechs Meter starken Mauern drei Reihen Geschütze und 1000 Bewaffnete aufnehmen konnte, vorüber auf das Kaiserbleek. Von dem 1819 für 4515 Mark auf Abbruch verkauften herrlichen Dome ist nur die um 1200 angefügte Vorhalle (Abb. 33) mit dem sogenannten Krodoaltar, einem aus niedersächsischer Gießerei hervorgegangenen tragbaren Altar, und andre von Kaisererinnerungen umwehte Andenken erhalten. Aber das einst zum Schauspielhause entweihte, dann glücklicherweise als Kornmagazin benutzte Kaiserhaus (vergl. Abb. 3), in dessen Thronsaale einst der Sachsen, Salier und Staufer ruhmreicher Schild hing, blickt als ein Wahrzeichen der Einigung unseres Volkes wieder hoch und stolz auf die alte Stadt herab, und wieder prangt in dem 48 Meter langen großartigen Reichssaale der auf vier steinernen Kugeln ruhende metallne Kaiserstuhl, — im Anfange dieses Jahrhunderts für 28 Thaler meistbietend verkauft, hat ihn das Vermächtnis des verewigten Prinzen Karl auf seinen alten Platz zurückgestellt.

Die herrlichen Wandgemälde von der Hand des Professors Wislicenus zu beschreiben, fehlt hier der Raum; ich muß mich auf Andeutung des Grundgedankens beschränken. Das große Mittelbild der Westwand stellt in koloristischer und dekorativer Vollendung und genialer Komposition die Wiedergeburt des Deutschen Reiches im Jahre 1871 dar: Germania mit dem Antlitz der edlen Königin Luise reicht dem siegreich heimkehrenden Kaiser Wilhelm dem Großen am Triumphbogen die Kaiserkrone dar (Abb. 34). Die sechs Hauptbilder derselben Wand, jedes mit zwei Predellen, veranschaulichen sechs Akte eines Dramas, die Geschichte des ersten Kaisertums von Heinrich II. bis Friedrich II.:

Heinrich II. wird in der Peterskirche gekrönt, Heinrich III. führt den Papst Gregor VI. gefangen über die Alpen, Heinrich IV. büßt zu Canossa, Friedrich I. demütigt sich vor Heinrich dem Löwen, Friedrich I. siegt bei Ikonium, Friedrich II. empfängt in Palermo eine arabische Gesandtschaft. Die acht Nebenbilder derselben Wand behandeln im engen Anschluß an die Hauptbilder die Geschichte des Kaiserhauses.

Die Gemälde der Südwand, drei größere (Karl der Große zerstört die Irmensäule [Abb. 35], Karls des Großen Sieg über die Sachsen, seine Krönung zu Rom, Wittekinds Taufe) mit drei Predellen bilden den Prolog, die der Vorderwand (Luther zu Worms [Abb. 36], die schmalkaldischen Bundesgenossen empfangen zusammen das heilige Abendmahl, Karl V. in St. Just) den Epilog zum Schmuck der Hauptwand; und die Fensterwand ist Darstellungen aus dem Märchen (Dornröschen) und der Sage (Barbarossa) gewidmet.

Von dem Teil des Kaiserhauses, der die kaiserlichen Wohnräume enthielt, hat nur ein Stück der Grundmauer bloßgelegt werden können, dagegen ist die an sie grenzende, ehemals zur Feldhüterwohnung erniedrigte St. Ulrichskapelle, ein Meisterstück architektonischen Erfindungsgeistes, denn sie bildet unten ein griechisches Kreuz, oben ein Achteck, wieder zu Ehren gebracht, so daß sie dem Herzen und den Eingeweiden des großen Kaisers Heinrich III. eine würdige Ruhestätte gewährt. Dem Kaiserbeet ist jüngst durch

Abb. 74. Bodekessel.
(Nach einer Photographie von F. Rose in Wernigerode.)

Abb. 75. Eingang ins Bodethal.
(Nach einer Photographie von F. Rose in Wernigerode.)

die bronzene Reiterstatue Barbarossas (von Toberentz) und das gleichfalls bronzene Standbild Wilhelms des Großen (von Schott) ein prächtiger Schmuck zu teil geworden.

Von den Kirchen erwähne ich nur noch die ehrwürdige Frankenberger Kirche mit ihren wieder aufgefrischten großartigen Wandmalereien; am Aufstieg zu dem bepflanzten Nonnenberge und den in einen hübschen Park umgewandelten Schieferhalden belegen, durch die sich schattige Spazierwege nach dem Gosewasserfall und dem durch eine wundervolle Aussicht lohnenden Steinberge schlängeln, gewährt sie einen wahrhaft malerischen Eindruck.

XI.
Die Oberlandschaft.

Von der Klausthaler Hochebene, deren Flüsse uns bislang als Wegweiser gedient haben, wird das „Andreasberger Dreieck" durch den Bruchberg-Acker abgetrennt. Eine Wanderung den auf dem Kamme des Ackers laufenden Fastweg entlang wird durch die stetig wechselnden Bilder, die sich bald rechts nach Klausthal hin, bald links über Andreasberg auf den Ravensberg und Jagd

kopf (Stöberhai) aufthun, zuletzt aber durch den großartigen Fernblick von den ruinenartigen Felsgruppen, welche sich, von Rentier- und isländischer Flechte, von Sumpf- und Moosbeere überwuchert, aus dem Tannendickicht meist nur wenig erheben, der Hanskühnenburg (810 Meter) und den Seilerklippen (750 Meter), reichlich belohnt. Und welchen Genuß gewährt eine Fahrt von der Stieglitzecke (828 Meter), wo unfern des Hammersteins (800 Meter) mit seinem Blick in die schluchtenartigen Seitenthäler jener Fastweg sich abzweigt, auf der Klausthal-Andreasberger Poststraße nach dem als Sommerfrische rühmlichst bekannten Sonnenberge und von hier, links abbiegend, der imponierenden Achtermannshöhe entgegen nach dem waldumschlossenen Oberteiche (Abb. 37) und den Rehbergergraben entlang nach Andreasberg.

Ganz gegen den Charakter des Harzes zeigt sich in dem „Dreieck" nicht einmal der Ansatz zur Plateaubildung; aus tief eingeschnittenen Thälern steigt man 200 bis 250 Meter hoch auf schmale Bergrücken oder abgerundete Kegel und wieder hinunter in ein schluchtenartiges Thal. Den besten Blick in dies wunderbar zerstückelte

Gebiet gewähren die Porphyrkegel des Knollen bei Lauterberg (687 Meter), des Ravensberges (660 Meter) und des Stöberhais (719 Meter). Der Ravensberg heißt nicht mit Unrecht der Brocken des Südharzes. Wohl ist das Panorama hier und auf dem mit ihm zusammenhängenden Stöberhai enger begrenzt, aber es gewinnt dadurch an plastischer Klarheit und Schönheit. Im Norden und Westen umfaßt der Blick den ganzen hohen Harz bis zum Brocken und Acker, im Osten und Süden aber thut sich das Land weit auf bis zum Possen bei Sondershausen und zum Thüringerwalde, bis zu dem Ohmgebirge und dem Göttinger- und Habichtswalde.

Ist regellose Abwechselung von schroffer Bergeshöhe und wildem Thalsturz der Charakter des „Dreiecks", so macht die Stätte, auf der die Stadt Andreasberg erbaut ist, davon keine Ausnahme; fast jäh schießen ihre Straßen von eng begrenzten Bergkuppen (640 Meter) in das „Unterland" (520 Meter) hinunter. Aus einem Hause sieht man in zwei Thäler hinunter, ein andres hängt, als wäre es aus Wildemann hierher versetzt, wie ein angeklebtes Schwalbennest an der Bergwand, und ein drittes liegt fast so geschützt zwischen aufsteigenden Höhen, wie manche Stadtteile in Grund oder Altenau. Solche interessanten Gegensätze bietet nur diese einzigartige Stadt (Abb. 38).

Die erste urkundliche Nachricht über Bergbau „am Andreasberge" ist aus dem Jahre 1487, aber zu rascher Entwickelung gelangte es erst im Jahre 1521, als am Beerberge in einer Klippe ein handbreiter Gang mit Glanzerz und reichhaltigen Nestern Rotgülden erschürft wurde, so daß die Grafen von Hohnstein sich beeilten, für ihr Gebiet die erste Bergfreiheit zu erlassen; Stadtrechte erhielt der Ort anscheinend schon 1535. — In fieberhaftem Eifer drängten sich Gewerken nnd Bergleute herzu, um des gepriesenen Dorado Schätze zu heben, aber gar bald folgte eine gewaltige Ernüchterung. Wohl wurden 116 Gruben aufgenommen, aber in den acht Jahren 1542 bis 1549 zahlte nur eine einzige Ausbeute, und zwar auch nur einmal einen Thaler auf den Kux. Am Ende des Jahres 1577 waren nur noch 39 Gruben, von denen aber 37 Zubuße erforderten, im Betriebe, und 40 Häuser standen unbewohnt

und unverkäuflich; zu Anfang des dreißigjährigen Krieges gingen die beiden letzten Gruben ein, und die Silberhütte ward abgebrochen. Unsäglich war das Elend in der verarmten Stadt. Und doch war ihr noch einmal eine Blütezeit beschieden: in den Jahren 1700 bis 1730 betrug die jährliche Ausbeute durchschnittlich 60000 Mark. Von da aber ging's erst allmählich, dann immer rascher abwärts, zumal 1796 eine Feuersbrunst 249 Wohnhäuser in Asche legte. Doch geht der Bergbau noch heute auf der Grube Samson in vier Schächten mit Vorteil um, und trotz deren bedeutender Teufe gibt es noch viel unverritztes Feld für die Zukunft. Die Silberhütte, welche mit dem Bahnhofe 3¼ Kilometer von der Stadt entfernt liegt, verarbeitet neben den bei Andreasberg gewonnenen namentlich südamerikanische Kauferze. Nicht unbedeutenden Erwerb gewährt den Andreasbergern die Kanarienvogelzucht, mehr Geld aber noch bringen ihnen die Sommerfremden, deren Zahl etwa 5000 jährlich beträgt. Den schönsten Blick auf die Stadt hat man von der Jordanshöhe. Sankt Andreasberg hat 3800 Einwohner.

Die starke Gliederung der Andreasberger Berglandschaft ist gleichsam ein Verdienst der Sieber mit ihren Zuflüssen und des Flußsystems der Oder: durch die Furchen, die sie in das Gelände, dieses in Einzelberge auflösend, gezogen, haben sie die große Mannigfaltigkeit geschaffen, die wir bewundernd betrachten.

Die Oder hat ihre Quellen bereits auf dem Brockenfelde. Nachdem sie ihre Wasser im Oderteiche gesammelt und den größten Teil derselben der Stadt Andreasberg zugesandt hat, um ihn später durch die Sperrlutter zurückzuhalten, rauscht sie zwischen dem Rehberge (894 Meter) und dem Königsberge in starkem Gefälle, bis zur Forstkolonie Oderhaus das unbekannteste der prächtigen Harzthäler bildend, gen Süden, geht unter dem Jagdkopfe in südwestliche Richtung über und verstärkt sich bei Lauterberg (d. i. Lutterberg) durch die Lutter (Abb. 39 u. 40).

Die Burg, unter deren Schutze der gleichnamige Flecken sich bildete, stand auf dem 421 Meter hohen Hausberge, einem schön geformten, mit Buchen bewaldeten Kegel. Zuerst im Jahre 1190 erwähnt,

gehörte sie einem Zweige der Grafen von
Scharzfeld, den Grafen von Lutterberg, als
welfisches Lehen. Der Ort verdankte sein
rasches Wachstum dem regen Bergbau,
und als dieser erlosch, übernahm 1839 die
Kaltwasserheilanstalt des Dr. Ritscher, dem
ein Denkmal auf dem Scholm errichtet
ist, nachhaltiger die Entwickelung des jetzt
5300 Einwohner zählenden Fleckens; aus
den 170 Kurgästen des ersten Jahres sind
inzwischen 5000 geworden.

Aber die Umgebung Lauterbergs, das
nicht wie Herzberg, Osterode und Seesen
am Harzrande liegt, sondern sich so in das
Oderthal hineinpreßt, daß es auf drei Seiten
hohe Berge hat, ist auch wunderschön.
Alle diese Höhen, der Hausberg, der Kum=
mel (601 Meter), der Scholm (572 Meter)
bieten prächtige Aussicht, hier ein weithin
Berg und Land umfassendes Vollbild, dort
gleichsam einen ein=
gerahmten Ausschnitt
aus dem großen Ge=
mälde. Über den
idyllisch in Buchen=
grün und Wiesenflor
gebetteten Wiesen=
beeker Teich (Abb.
41), der seine Wasser
der Königshütte lie=
fert, und die Hohe
Thür mit ihrem
Durchblick auf die
ruinenartige zackige
Felsgruppe des Rö=
mersteins, den Sagen
von Riesen und Zwer=
gen umspielen, führt
uns der Weg auf den
Ravensberg; über den
Hassenstein ersteigen
wir den Stöberhai,
den höchsten Punkt
der Wasserscheide zwi=
schen Weser und Elbe,
mit seinem bezaubernd
schönen Blick über die
Tiefe des Oderthales
hinaus auf die Riesen
des hohen Harzes, den
Acker und Rehberg,
den Wurmberg und
die Achtermannshöhe,
denen der Brocken und

die Hohneklippen über die Schulter sehen;
und auch der Große Knollen liegt für den
rüstigen Wanderer nicht zu fern.

Auf dem schattigen Philosophenwege
wandern wir nun, der rauschenden Oder
folgend, dem Dorfe Scharzfeld zu, das mit
einer Felsenburg, einer Tropfsteinhöhle und
einer Felsenkirche dreifach anzieht.

Die Burg Scharzfels (Abb. 42), eigent=
lich Scharzfeld, zu der wir 120 Meter
hoch durch Buchenhochwald hinaufsteigen,
wird zuerst 1130 genannt. 1157 gab
Friedrich Rotbart sie Heinrich dem Löwen
gegen das Schloß Baden in Tausch, und
die Grafen von Scharzfeld wurden damit
Lehnsmannen des Welfen. Nach ihrem Er=
löschen traten die Grafen von Hohnstein
an ihre Stelle; und nach dem Tode des
letzten dieses Geschlechts fiel 1590 die Graf=
schaft Scharzfeld=Lauterberg, in der die

Abb. 76. Hexentanzplatz, vom Hirschgrund gesehen.
(Nach einer Photographie von F. Rose in Wernigerode.)

Bergstadt Andreasberg entstanden war, an die Welfen, und zwar zunächst an die Herzöge von Grubenhagen, zurück.

Bei der Erbauung der Burg ist der natürliche Felsen benutzt. Besonders stark war die Hochburg, die man nur durch einen rundbogig ausgehauenen Felsengang, zu dem man auf einer hohen Steintreppe gelangt, betreten kann. Von den Gebäuden auf dem Felsenkamme haben sich nur unbedeutende Mauerreste erhalten: die Burg ist 1756 in rühmlichem Kampfe zu Grunde gegangen; 10 Tage verteidigte sich die schwache Besatzung von noch nicht 400 Mann gegen ein Franzosenheer von 6000 Mann, das 562 Bomben und andre Geschosse hineinwarf; da war die zerschossene Burg nicht mehr zu halten, die freiwilligen Harzschützen schlugen sich in die Wälder, und die zurückbleibenden Invaliden kapitulierten mit Ehren. Welch ein Erfolg! Ganz Paris illuminierte und sang unter Freudenschüssen ein Tedeum. Und eiligst steckte der Sieger,

der General Baubecourt, den wir von Klausthal her schon kennen, die Gebäude in Brand, ließ die Mauern von Lauterberger Bergleuten sprengen, und machte sich dann, auf die Sprengung der Felsen verzichtend, aus dem Staube, denn die Hannoveraner unter dem Herzog Ferdinand waren im Anmarsch.

Ein kurzer Gang durch den herrlichen Buchenwald, der hier die Höhen schmückt, führt uns nach der Einhornhöhle. Viel früher bekannt, als die größeren und durch schönere Tropfsteingebilde ausgezeichneten Höhlen bei Rübeland, hatte sie hohen Ruf als die Fundstätte eines wertvollen und fast unfehlbar wirkenden Heilmittels, des „Einhorns" d. i. der verkalkten Knochen vorweltlicher Tiere. Heute haben diese Knochen als die Schriftzeichen der fernsten Zeit einen ungleich höheren Wert, sie erzählen uns, daß die weiten Hallen dieser Höhle einst von Gletscherbächen durchspült wurden, denn die Knochen sind durch Rollung im Wasser gleich den Flußkieseln gerundet, daß aber

Abb. 77. Rathaus in Quedlinburg.
(Nach einer Photographie von F. Rose in Wernigerode.)

Abb. 78. Quedlinburg.
(Nach einer Photographie von F. Rose in Wernigerode.)

Abb. 79. Altertümer in der Quedlinburger Schloßkirche.
(Nach einer Photographie von F. Rose in Wernigerode.)

die vor der jüngeren Eiszeit trockene Höhle von Menschenfressern bewohnt war, denn die Markknochen, darunter auch die von Menschen, sind zerschlagen.

Wenn wir unsere Wanderung durch den lauschigen, schattigen Wald ein Stündchen fortsetzen, stehen wir plötzlich unter dem Gipfel eines Berges, der mit wunderbaren Felsgebilden bedeckt ist, die an die Teufelsmauer oder die Bodensteiner Klippen erinnern, vor dem Eingange zur Steinkirche, einer natürlichen Höhle, deren Einrichtung als Kirche von der Sage dem heiligen Bonifatius zugeschrieben, von den Bauverständigen in dessen Zeit, in das achte Jahrhundert (spätestens in das neunte) gesetzt wird: der Steinaltar, die Kanzel, die Nischen für den Weihwasserkessel und ein Heiligenbild, die Balkenlöcher für das Schiff der Kirche sprechen deutlich für die Benutzung der Steinkirche als des Chores eines uralten Gotteshauses.

Von Scharzfeld wendet sich die Oder auf Pöhlde, die Klosterstiftung der edlen Königin Mathilde, bespült die vorgeschichtlichen Wallburgen des Rotenbergs und gibt ihre durch die Sieber verstärkten Wasser bei Catlenburg an die Ruhme ab, deren Quelle, die mächtigste in Deutschland, südlich von Pöhlde hervorbricht.

Die Sieber, diese Schwester der Oder, entspringt am Ostabhange des Bruchberges, verstärkt sich kräftig aus den Mooren des Rotenbruchs und hüpft und sprudelt zwischen dem Bruchberge und dem Sonnenberge in einem tief eingerissenen Thale, das trotz seiner malerischen Schönheit von den Touristen erst kaum entdeckt ist, an dem gleichsam aus den Alpen hierher versetzten Dörfchen Sieber vorüber, dem 250 Meter hoch gelegenen Flecken Herzberg zu, dessen hochragendes, weithin schimmerndes Schloß uns zu einem Besuche einladet.

Wie Scharzfeld und Pöhlde war Herzberg (Abb. 43), das von Kaiser Lothar erbaut sein soll, ursprünglich Reichsgut und gelangte erst 1157 durch Tausch in den Besitz der Welfen. Nachdem es schon der Kaiserin Maria und mehreren Herzoginnen von Braunschweig als Witwensitz gedient hatte, nahm es Heinrich der Wunderliche (mirabilis), der Stifter der Linie Grubenhagen, zur Residenz, und solche ist es bis zum Erlöschen derselben im Jahre 1596 geblieben; und als 1617 infolge einer reichskammergerichtlichen Entscheidung das von Wolfenbüttel okkupierte Fürstentum der Celleschen Linie als der nächstberechtigten zugesprochen war, nahm hier Herzog Georg, der allein von den sieben Brüdern des Hauses Celle sich standesgemäß vermählen durfte, seine Residenz; unter den acht Kindern, die ihm hier geboren wurden, ist Ernst August, der erste Kurfürst von Hannover und Vater Georgs I., des ersten Königs von England aus dem Hause Hannover. Von der alten Burg sind nur noch die Keller vorhanden; der größte Teil des jetzigen Schlosses ist nach einem schrecklichen Brande im Jahre 1510, der alle Urkunden und Lehnbücher vernichtete und dem Herzog Philipp und seiner Gemahlin kaum die Möglichkeit ließ, unangekleidet durch einen Sprung aus dem Fenster das Leben zu retten, neu aufgeführt; der Graue Flügel stammt aber erst aus dem Jahre 1861.

Das auf der südlichsten, mit seinem Abfall dem Harz zugekehrten Kuppe des Osteroder Gipszuges malerisch gelegene Schloß wirkt bei seiner einfachen Architektur besonders durch seine große Ausdehnung.

XII.
Der Brocken und das Brockenfeld.

Nördlich vom Andreasberger Dreieck und östlich von der Klausthaler Hochebene erstreckt sich stundenweit die eigenartigste Hochebene des Harzes, wie sie mit denselben Charakterzügen (sich schwerlich zum zweitenmal in deutschen Gebirgen findet, das Brockenfeld. Im Westen von dem 926 Meter hohen Bruchberge und den sanfteren Erhebungen des Sonnenberges (842 Meter) und des Rehberges (894 Meter), im Süden von dem Rücken der Achtermannshöhe, dessen Hornfelskegel (926 Meter) die Alten für einen Vulkan hielten, und dem bis zu 968 Meter aufsteigenden

Wurmberge begrenzt, reicht sie im Osten bis an den Brocken und seine rechte Schulter, den durch die hochragenden Hirschhörner gezeichneten Königsberg. Im Norden stellen die Lärchenköpfe und der Quitschenberg eine schwache Verbindung zwischen dem Bruchberge und dem Brocken her, doch rechnen wir auch das nördlich dieser gleichsam nur angedeuteten Begrenzung belegene, von Ecker und Radau durchschnittene Stück, das man als ein durch den Einschnitt des Okerthales abgetrenntes Glied der Klausthaler Hochebene ansehen könnte, um der gleichartigen Natur willen zum Brockenfelde.

Im Mittel 810 Meter hoch, erhebt sich diese höchste Ebene unseres Gebirges in ihrer Mitte in den „Oberen Schwarzen Tannen" nur zu 877 Meter. Diese fast völlige Einebnung ist durch die Torfmoore erfolgt, sie haben alle Vertiefungen und

Abb. 80. Klopstock-Denkmal in Quedlinburg.
(Nach einer Photographie von J. Rose in Wernigerode.)

6*

Einschnitte des Untergrundes allmählich ausgefüllt. In vorgeschichtlicher Zeit war diese Wüstenei ebenso bewaldet, wie die Harzberge von gleicher Höhenlage. Die starken Fichtenstämme, die kräftigen Kiefern, die weißleuchtenden Birken (Betula alba), die Haselnußstaude, die man in den unteren Torfschichten findet, liegen sämtlich mit der Spitze nach Südwest, als hätte ein Nordoststurm den Wald niedergeworfen. Aber die Moorbildung läßt doch nur den Schluß zu, daß diese Niederlegung des Waldes auf Eruptionen des Brockengranits zurückzuführen ist, durch die zugleich Senkungen in der Oberfläche hervorgerufen wurden, in denen sich Hochmoore bilden konnten. Und die Scheereritkrystalle, die sich zwischen Rinde und Holz der in der Tiefe von dreiundeinhalb Meter liegenden wie frisch erscheinenden 60 Centimeter starken Kiefernstämme*) gebildet haben, weisen jenes Ereignis in sehr frühe, wohl in die vorgeschichtliche Zeit.

Die kleine verkrüppelte Birke, welche auf dem Brockenfelde und in den andern Hochmooren des Oberharzes an die Stelle des Hochwaldes getreten ist, ist die grauborkige Betula pubescens, doch findet sich auch, namentlich auf dem Lärchenfelde beim Torfhause in großer Ausdehnung, die eigentliche Zwergbirke (Betula nana). Von den Weidenarten sind besonders Salix aurita und repens, sowie die Bastardform S. repenti-aurita vertreten. Unter den Moosen überwiegt die Gattung Sphagnum in zehn Arten. Wegen ihrer holzigen Stengel und dichten Blätter ist die sehr häufig vorkommende Gattung Polytrichum, in geringerem Grade auch Bryum, Hypnum und Orthotrichum an der Torfbildung beteiligt. Von den Heidekräutern finden sich die Besenheide (Calluna vulgaris) und fleischfarbene Glockenheide (Erica carnea), nicht aber die Sumpfheide (Erica tretalix). Auch die Heidel- und die Kronsbeere, die Rauschbeere (Vaccinium uliginosum) und die Moosbeere (Oxycoccos palustris) gehören dem Torfgrunde an; und überall finden sich Simse und Sonnentau, Rispen- und Wollgräser, Seggen und Binsen, Knaben- und Habichtskräuter und an weniger feuchten Stellen auch der Bärlapp

*) Die Ansicht einiger, daß Fichte und Kiefer erst in geschichtlicher Zeit (aus dem Vogtlande, sagt Hampe noch dazu) in den Harz eingeführt seien, ist grundfalsch.

in sechs Arten, Labkraut und andre Harzpflanzen.

Der Torfstich hat in diesen Hochmooren trotz wiederholter Versuche aufgegeben werden müssen, da in der feuchten Luft der Torf nur selten trocken wird. Doch verdanken wir jenem die Kolonie „Torfhaus", die größere der beiden Oasen des Brockenfeldes.

Den Gletschern der Alpen gleich, die zahlreichen Bächen und Flüssen das Leben geben und diese unausgesetzt mit ihrem Abfluß speisen, sind die Torfmoore des hohen Harzes die unerschöpflichen Wasserreservoire, aus denen seine Flüsse sich unaufhörlich versorgen, aus denen selbst Quellen, die erst am Fuße des Gebirges zu Tage treten, auf dem reinigenden Wege durch die Gesteinsklüfte ihr Wasser erhalten. Und auch die Wasserleitungen, die den Gruben und Hütten das Betriebswasser zuführen, schöpfen aus diesem unversieglichen Quell, ohne den sich niemals der großartige Betrieb bei Andreasberg und Klausthal hätte entwickeln können.

Und welche wunderbare Wirkung übt das Brockenfeld mit seiner hehren Stille, mit seiner allgewaltigen Einsamkeit auf Herz und Gemüt! Diese finsteren, warnend abwehrenden Moore bilden mit den flechtenbehangenen, spärlich genährten Fichten und Birken, die sich in Streifen hindurchziehen oder in losen Gruppen darüber verstreut sind, mit den vom Beerengestrüpp überwucherten mächtigen Granitklippen, die hier in den Breitensteinen riesigen Opferaltären vergleichbar emporragen, dort als Magdbett und Hopfensäcke von mählich verklingenden Sagen leise umweht werden, mit dem in Vergessenheit versunkenen Kaiserwege, auf dem einst schon der „Heiden" Fuß wanderte, mit der das Feld beherrschenden Achtermannshöhe und den andern so ausdrucksvollen Bergkuppen ringsherum einen vollen und reinen Akkord, durch den der Wahlspruch der Benediktiner: Solitudo sola beatitudo gleichsam sehnsuchtsvoll und doch erquicklich als Grundton hindurchklingt und in deinem Gemüt wie einst in dem unsers Dichterfürsten Goethe die Saiten mitklingend in Schwingungen setzt.

Der 1142 Meter hohe Brocken, der zweite Berg Preußens, überragt das Brockenfeld nur um etwa 370 Meter und imponiert von hier aus nur durch seine massige Form. Dagegen schiebt er im Nordosten seinen Fuß bis an den Rand des Gebirges vor, um 900 Meter hoch aus der Ebene von Wernigerode und Ilsenburg aufzusteigen, und gewährt von dieser Seite einen imposanten Anblick.

Sein Fuß steht in der Region des Nadelwaldes. Es sind dunkle, hohe Fichten, zwischen denen wir hinansteigen. Aber bald wird der Wald lichter, Granitbroden und Scherben bedecken den Boden, Himbeer= und Brombeerstrauch erklettern die mit Flechten überzogenen Trümmer; hier hält eine Fichte einen Granitblock, ihre Wurzeln immer tiefer in seine engen Spalten treibend, fest umklammert, dort breiten Heidelbeere und Heidekraut über den mit Erde gemischten „Hexensand“, einer Anemone oder einem Habichtskraut Schutz gewährend, ihr dunkelglänzendes Gewand. Doch auch anspruchslose Gräser finden ihre spärliche Nahrung auf geeigneten Fleckchen. So ist dieser Brockengürtel, der im Norden und Nordosten fast die Form der Hochebene annimmt, zugleich die Region der Viehhöfe.

Bei weiterem Ansteigen gelangen wir in die Region der Brüche und Moore, zu denen außer dem Brockenfelde das Jakobs=, das Landmannshohne= und das Hannekenbruch gehören. Nur einige Forsthäuser liegen in dieser Einöde.

Und nun noch ein kräftiges Ansteigen durch wirre Klippenfelder, die wunderlich gestaltete Fichten tragen, wie sie sich eignen würden für die Faust des Wilden Mannes auf unseren Münzen; das Wurzelwerk oft hochhin freistehend oder eingekeilt

von Felsengebröckel, der Stamm knorrig und wetterhart, in dichte Moosdecke wie in wärmenden Pelz gehüllt, der Gipfel fast immer gebrochen oder in Knickung seitwärts gelenkt, die zerzausten Zweige fest anliegend, dicht mit weißgrauer Flechte bedeckt und hie und da mit langen Zotten der Bart= flechte behangen; und unter jedem Steine

Abb. 81. Ritter=Denkmal in Queblinburg.
(Nach einer Photographie von F. Rose in Wernigerode.)

fast und jedem Baume flüstert geschwätzig und surrt und brodelt das quellende Wasser. Doch schon befinden wir uns auf dem abgerundeten Gipfel des Brockens (Abb. 44). Schneidend fegt der Wind über die baumlose Kuppe, Wolken umtanzen gespensterhaft die Granitkolosse, für die man die Namen Teufelskanzel, Hexenaltar, Hexenwaschbecken erfunden hat, und plötzlich umfängt uns beängstigend der dichte Nebel. Beschleunigten Schrittes eilen wir dem gastlichen

Abb. 82. Suderode.
(Nach einer Photographie von Römmler & Jonas in Dresden.)

Brockenhause zu. Welche Enttäuschung!
Vielleicht werden wir — wie sogar der
Oberlehnsherr des Brockens König Friedrich
Wilhelm III. mit seiner Gemahlin am
31. Mai 1805 — den Rückweg antreten
müssen, „ohne etwas gesehen zu haben".

Doch ruhig nur! uns ist der Vater
Brocken hold. Sieh, da kommt ein Riß
in die Wolken, und durch den Spalt er-
blicken wir wie durch eine Waldschneise
sonnbeschienen, hellstrahlend das herrliche
Fürstenschloß Wernigerode und darüber in
dem hellen Streifen Türme und Dörfer
bis in die weite Ferne. Da saust eine
neue Wolke herein, und das Bild ist verschwunden. Aber wie durch Zauberkunst
thut bald hier bald da ein andrer Wolken-
spalt sich auf, jetzt über das Brockenfeld
hinaus bis nach Klausthal, jetzt gar bis
nach dem Possenturm bei Sondershausen,
dem Gothaer Schlosse und dem Inselsberge.

Und nun legt sich der Wind, und die
Sonne beginnt den Kampf mit den Wolken
und erringt den Sieg: schon ist der Brockengipfel frei, und rings an der Kuppe sinkt
der Nebel tiefer und tiefer. Wir stehen
auf einer hellbeleuchteten Insel im weiten,
wallenden Wolkenmeere, jetzt tauchen auch
Königsberg und Heinrichshöhe auf und ver-
binden sich mit dem Brocken. Wurmberg,

Acker, Kahlenberg und andre Inseln erscheinen, die Buchten werden kleiner, die
Halbinseln wachsen, der ganze Oberharz
wird zum Festlande. Mählich tritt dann
der Nebel auch im Südosten zurück, der
Unterharz taucht auf, und nun liegt das
ganze Gebirge so klar, so wunderschön vom
weißen Meere unabsehbar umflutet und um-
spült, — ein entzückendes Schauspiel.
„Heiterer, herrlicher Anblick!" jubelt unser
Goethe, „die ganze Welt in Wolken und
Nebel, und oben alles heiter!"

Auch das Relief des Brockengebirges,
das man vom 18 Meter hohen Turm gewinnt, ist unter allen Umständen interessant.
Die Brockengruppe im engeren Sinne, von
der Kalten Bode, der Ecker und der Ilse
begrenzt, umfaßt außer dem Brocken die
1045 Meter hohe Heinrichshöhe und den
1030 Meter hohen Königsberg, seine beiden
„Schultern". Im weiteren Sinne gehören
zum Brockengebirge namentlich noch: im
Norden der Pesekenkopf (645 Meter), der
Scharfenstein (696 Meter), der Meineken-
berg und der Sandthalskopf; im Osten der
Gebbersberg (685 Meter), der Renneckenberg mit den wilden Zeterklippen (929 Meter)
und den nicht weniger wilden Hohneklippen
(902 Meter), der Erdbeerkopf (857 Meter)
und der Arensklint; im Süden der Baren-

berg mit den Schnarcherfelsen, der große und kleine Winterberg (902 und 837 Meter) und der Wurmberg (968 Meter).

Bei völlig klarem Himmel, wie ihn wohl ein heller Wintertag oder ein Sommertag, dem eine recht warme Nacht vorangegangen ist, bieten kann, umfaßt der Gesichtskreis mehr als den 200. Teil von Europa, und zwischen den 250 Kilometer voneinander entfernten äußersten Punkten — wie dem Rhöngebirge und dem Hagelsberge bei Brandenburg, oder dem Kolm bei Oschatz und der Westfälischen Pforte — kann man nach des Brockenwirts Nehse Verzeichnis 89 Städte und 668 Dörfer erkennen. „Ja, man könnte das Meer sehen, wenn es möglich wäre," sagt treuherzig der alte Happel. Wir aber begnügen uns, in der endlosen, einförmigen Ebene, in der Hügel und Berge wie Maulwurfshaufen untergehen, die Türme von Hannover und Braunschweig, von Leipzig und Halle, von Magdeburg und Stendal und einigen andern Städten, das Schloß zu Gotha und die Wartburg, den Petersberg und die Gleichen, den Herkules auf der Wilhelmshöhe und den Klüt bei Hameln zu erkennen und richten von den in der Ferne mit etwas auffälligeren Strichen eingetragenen Bergketten des Meißner, des Westerwaldes, des Rothaargebirges, des Vogelsberges, der Rhön, des Thüringerwaldes und des Süntels, um dem Auge abschließend einen sammelnden Ruhepunkt zu bieten, noch einmal auf das Brockenfeld und die Außenkuppen und Thäler des Brockengebirges.

Dieser tadellose Rundblick bei völlig wolkenfreiem Himmel ist keineswegs das Schönste, was der Brocken bietet, aber zu verachten ist er doch auch nicht. Was hat man „an diesen langen charakterlosen Horizontallinien, die dick aufeinander liegen, ohne Anfang und Ende? Da ist gar nichts, was sich hebt und die Aufmerksamkeit zusammenhält und leitet, kein Vordergrund, kein Mittelgrund, kein Gedanke von Einheit des Ganzen. Die Kirchtürme sind angeklebt an die Wiesen wie behauene Balken, und das Licht schiebt sich dick und gleichförmig über das alles weg." So sagt Leopold von Buch, der berühmte Geologe, in seinem launigen Vortrage vom Brocken freilich, aber wenn er abschließend fortfährt: „Nicht die Schönheit, nicht die Ferne der Gegenstände" ist es, was uns auf dem Brockengipfel so mächtig bewegt, „sondern die Wirklichkeit, die Wahrheit und das aus ihr hervortretende lebendige Gefühl der Freiheit", so müssen wir ihm zustimmen.

Von überwältigendem Eindruck kann ein

Besuch des Brockens im Winter werden, wenn der sich in Rauhreif umsetzende Nebel nicht nur jede einzelne Tannennadel gleichsam überzuckert hat und die teilweise ineinander geflossenen, in der Sonne glitzernden und blitzenden Kryftalle und Eisdiamanten die Form des Baumes überwältigen, so daß die wunderbarsten Gestalten, die Märchen und Phantasie ersinnen können, manche fast gespensterhaft und beängstigend, uns rechts und links erwarten und einander ablösend begleiten. Aber auch schon die bloße Schneedecke hebt das Bild, das der Brocken uns bietet, gar wirkungsvoll. Und wer ein Gewitter dort oben erlebt — vom Brockengespenst gar nicht zu reden — dem wird der Tag für immer unvergeßlich sein.

Wenn sich außer den nach Schätzen suchenden Venedigern auch einzelne kühne Jäger und andere ortskundige Waldleute schon verhältnismäßig früh ausnahmsweise auf den „Brakenberg" hinaufgearbeitet haben mögen — eine dem Ende des fünfzehnten Jahrhunderts angehörende Hand berichtet in einem Zusatz zu der Abhandlung „von der Herkunft der Sachsen" von einem Quell auf seinem höchsten Gipfel — so ist doch der berühmte Arzt und Botaniker Johann Thal († 1583) der erste dem Namen nach bekannte Brockenbesucher, und erst im achtzehnten Jahrhundert wurden die Brockenfahrten häufiger. 1736 ward deshalb auf dem Gipfel das Wolkenhäuschen, 1743 auf der Heinrichshöhe zunächst für Torfstecher, und 1800 auf dem Brocken selbst ein Gasthaus und 1835 der erste Turm erbaut. Die Zahl der Besucher stieg von 138 im Jahre 1753, 292 im Jahre 1778 auf etwa 30 000 im Jahre 1896: seitdem aber führt das Dampfroß (Abb. 45) im Sommer ungezählte Scharen hinauf, und die Verallgemeinerung des selbst im Oberharze noch vor wenigen Jahrzehnten unbekannten Schneeschuhsports (Abb. 46) macht den Brocken auch im Winter zugänglicher und seine Besteigung weniger gefährlich.

Vom Thüringer Wendelin Helbach, Thals Zeitgenossen, an hat manch Dichter den Brocken besungen, aber ein Denkmal für alle Zeiten hat ihm, und zwar ihm allein unter allen deutschen Bergen, Goethes gewaltige, Natur und Sage zur Einheit verschmelzende Dichtung im „Faust" gesetzt.

Abb. 84. Inneres der Cyriakikirche zu Gernrode.
(Nach einer Photographie von F. Rose in Wernigerode.)

Abb. 85. Alexisbad.
(Nach einer Photographie von F. Rose in Wernigerode.)

XIII.

Radau, Ecker und Ilse.

Das Brockenfeld entsendet nach Norden zwei jugendlich übermütige Flüßchen, die Radau und die Ecker.

Die Stelle, wo die Radau nach kurzem Laufe aus dem Gebirge tritt, ist die schönste im Westharze. Steil fallen die hohen und mannigfaltig geformten, mit freundlichem Buchenwald bewachsenen Berge zu der jungen Stadt Harzburg ab (Abb. 47), die sich mit ihren großartigen Gasthöfen (Abb. 48) und glänzenden Villen dazwischen und davor lagert, und bieten mit dieser vor allem dem Wanderer, der vom Ahrendsberger Forsthause oder auch vom Torfhause über den „Dreckpfuhl" kommt, ein überraschend prächtiges Bild. Und ein Gang durch dies vornehmste unserer Bäder über die der Gesellschaft zum Sammelpunkt dienenden „Eichen" an der plätschernden Radau und weiter an den großen Gabbrobrüchen hinauf bis zu den Radaufällen (Abb. 49) und zurück über das Molken

haus gehört zu den lohnendsten und lieblichsten Partien unseres Gebirges.

Der Burgberg, der zweimal eine Kaiserburg trug, ist mit seinen 482 Metern nicht der höchste und weitschauendste, aber durch seine hart vorspringende Lage und seinen finstern Tannenwald der bedeutendste und wirksamste. Trotz seiner Steilheit ist er auf wohlgepflegten Fußwegen bequem zu ersteigen.

Die erste, von Heinrich IV. erbaute Burg ward im März 1074 von dem durch die aufständischen Sachsenfürsten aufgestachelten Pöbel schmählich zerstört. Die zweite, zum Schutz der Reichsstadt Goslar gehörend, erstand i. J. 1180 auf Befehl Barbarossas, der den Oberbefehl über die hineingelegten Reichsdienstmannen den Grafen von Woldenberg übertrug. Am 18. August 1218 endete hier beim Grafen Heinrich I. der Welfe Otto IV. sein Leben.

Im Jahre 1269 von den Grafen von Woldenberg an die Grafen von Wernigerode verpfändet, ward diesen die Burg hundert Jahre später von dem Herzog von Braun schweig in einer Fehde abgenommen. Im Anfange des fünfzehnten Jahrhunderts machten von hier aus die Herren von Schwiecheldt, die als Amtleute und Pfandinhaber auf der durch ihre Lage überaus festen Burg hausten, weit und breit die Lande durch ihre Räubereien unsicher, und erst den Bombarden der verbündeten Fürsten, Bischöfe, Grafen und Städte gelang es 1415, ihre Mauern zu brechen (Abb. 50). Im dreißigjährigen Kriege in den Händen der Dänen, war sie ein Stützpunkt der Harzschützen. Aber 1650 wurden ihre 500jährigen Mauern auf Befehl des Herzogs in das Thal gestürzt und die Burg als Steinbruch benutzt. Nur geringe Mauerreste und der 57 Meter tiefe Brunnen sind von dieser berühmtesten aller Harzburgen auf unsere Tage gekommen. Aber Tausende von Fremden führt alljährlich die Erinnerung an die Geschichte dieser Stätte, auf der 1877 auch die „Canossasäule" errichtet ist, mehr noch der, wenn auch beschränkte, doch hübsche Blick in das tiefe, schmucke Radauthal und über die zu den Füßen liegende Stadt hinaus auf Braunschweig und Wolfenbüttel mit dem Fallstein, dem Elm und der Asse im Hintergrunde auf die tannenumrauschte Höhe.

Nachdem die Radau noch Vienenburg bespült hat, dessen Domanialgebäude mit den Umfassungen auf den Mauern der alten Burg ruhen, gibt sie am Fuße des Harlyberges Namen und Wasser an die Oker ab.

Die Ecker hat ihre Quelle unter den Hirschhörnern unfern des zum Königsberge führenden schönen Goethe-Weges, in unmittelbarer Nachbarschaft des Bodesprunges. Ihr Thal wird von dem von Harzburg auf den Brocken führenden Fußwege bei der Dreiherrenbrücke (dem früheren Grenzpunkte zwischen Hannover, Braunschweig und Wernigerode) und von den von Harzburg nach Ilsenburg über die Rabenklippen (Abb. 51) und durch den Schimmerwald führenden schönen Wegen oberhalb des Eckerkruges, der den Austritt der Ecker aus dem Gebirge bezeichnet, gekreuzt; doch auch eine Wanderung durch den ernsten, düsteren Fichtenwald den rauschenden, felsigen Bach entlang, hat in der erquickenden friedlichen Einsamkeit ihre Reize. An den Ruinen der Stapelnburg

vorüber, auf der Graf Gerhard, mit dem 1383 das einst so berühmte Geschlecht der Woldenberger erlosch, seine letzten Jahre verlebte, wendet sich die Ecker der Oker zu.

Das eigentliche, echte Brockenkind ist die Ilse. Sie entspringt an der Heinrichshöhe und sammelt, rechts vom Renneckenberg begleitet, alle dem Brocken nordöstlich abströmenden Bächlein und Rinnsale. Wo sie in den Stromschnellen der Ilsefälle fröhlich und geschwätzig über die Felsgebilde tänzelt, wendet sie sich nordöstlich, durchbricht das großartige Felsenthor, das die Granitpfeiler des 460 Meter hohen, 150 Meter das Thal überragenden Ilsesteins und des gewaltigen Westerberges bilden, und eilt, immer noch mutwillig, aber etwas ruhiger, dem sich an den Gebirgsrand drängenden Flecken Ilsenburg zu.

Das Ilsethal ist wohl das anmutigste und lieblichste im ganzen Harze. Eine Wanderung von den „Roten Forellen" an der klaren Ilse hinauf, deren silberne Wellen kühlend uns entgegenrauschen, bis zu den Ilsefällen (Abb. 52), wo die Wasser, in denen die wunderschöne, alle Guten beglückende Prinzessin sich badet, sich bald zu einem breiten, glänzenden Spiegel ausbreiten, bald in zahllose Bänder aufgelöst, kraus die Felsen umschlingen, bald wild aufschäumend und zischend sich zwischen einengenden Felsen hindurchdrängen oder aus Steinspalten neckisch hervorsprudeln, gehört, wenn die Touristenschwärme nicht allzu sehr stören, zu den höchsten und nachhaltig wirkenden Genüssen im Harze. Auch den Ilsestein mit seinem Kreuze, dem vom Grafen Anton den im Befreiungskriege Gefallenen errichteten Denkmal, besteigen wir, so befriedigend auch die Aussicht in die liebliche Landschaft ist, vor allem doch nur, um auch von hier aus das unvergleichlich reizvolle Thal zu genießen. Vielleicht setzen wir aber unsern Spaziergang noch um ein Kleines fort, um unter den schattigen Eichen der 530 Meter hoch gelegenen Plessenburg ein Viertelstündchen zu rasten und uns dabei des vom Förstertöchterchen verschmähten Ernst Schulze, des Dichters der „Bezauberten Rose" und der „Cäcilie", zu erinnern.

Im Flecken Ilsenburg (Abb. 53), der sich in das stimmungsvolle Bild des Thales harmonisch einordnet, zieht uns von allem

das fürstliche Schloß an, das außer einem
Neubau auch die stilvoll restaurierten Über=
reste der romanischen Klosterbauten umfaßt.
Ursprünglich ein königliches Besitztum, wurde
die Elysinaburg unter der Gunst der
Kaiser Otto II. und Heinrich II. vom Halber=
städter Bischof Arnulf in ein Kloster um=
gewandelt, das schon unter dem Abte
Herrand, dem Neffen des Bischofs Burchard
zu hoher Blüte gelangte, später aber
unter Kriegen und Fehden schwer zu

XIV.

Die Holtemme.

Während die Ilse noch der Oker und
damit der Weser zuströmt, gehört die am
Renneckenberge entspringende Holtemme be=
reits der Bode und also dem Elbegebiete
an. Fast so eilfertig wie die Ilse, hat sie
nächst dieser $(1:10^1/_2)$ das stärkste Gefälle
$(1:18)$ von allen Harzgewässern. Durch
einen unter den wilden Hohneklippen, welche

Abb. 86. Mägdesprung.
(Nach einer Photographie von F. Rose in Wernigerode.)

leiben hatte. Am 1. Mai 1525 von
den Bauern erstürmt, wurde es von
seinem erlauchten Schirmherrn nach An=
nahme der Reformation in eine Schule
umgewandelt, die erst unter den Schrecken
des dreißigjährigen Krieges zu Grunde
ging. Eine neue, bessere Zeit hatte sich
aber bereits dadurch vorbereitet, daß Graf
Heinrich das Kloster 1609 zum Witwen=
sitz für seine Gemahlin ausbaute, und
zu Anfang des achtzehnten Jahrhunderts
war es sogar Residenz des regierenden
Grafen.

die Hochebene um 400 Meter steil überragen,
entspringenden Bach verstärkt, hat sie ihren
Glanzpunkt in der Steinernen Renne
(Abb. 54): in einer engen, finstern Wald=
schlucht stürzen ihre fast zu Schaum sich
auflösenden Wasser in einer langen Reihe
von Kaskaden, die zur Zeit der Schnee=
schmelze oder nach einem kräftigen Gewitter=
regen wohl an alpine Wasserstürze er=
innern können, über die von Granitblöcken
gebildeten Terrassen wild in das Thal
hinab.

Von rechts vereinigt sich mit dem Thal

der Holtemme das Drängethal, in welchem Chaussee und Eisenbahn von Wernigerode aus über „Drei Annen-Hohne", die Hochebene, Schierke und den Brocken erklettern. In dem bei der Vereinigung sich weitenden und seine Schönheit einbüßenden Thale erstreckt sich unendlich lang das Dorf Hasserode, ein Vorort Wernigerodes, und im rechten Winkel dazu setzt sich östlich an

unbekannten Werniger angelegten Dorfe erbaute zwischen 1117 und 1121 der Graf Adalbert von Haimar und schrieb sich seitdem Graf von Wernigerode. Als dessen Nachkommen am 3. Juni 1429 mit dem Grafen Heinrich ausstarben, gingen die Besitzungen des Geschlechts an die mit ihm erbverbrüderten Grafen zu Stolberg über. In den nächsten Jahrhunderten war

Abb. 87. Anhaltischer Thaler von 1861.

die Stadt der Flecken Nöschenrode, der sich fast in gleicher Länge im Zillier- (oder Mühlen-) Thale hinaufzieht. Der Zillierbach hat seine Quellen südlich von den Hohneklippen am Erdbeerkopfe und wird auf seinem linken Ufer von nicht unbedeutenden Höhen, dem 535 Meter hohen Salz- und dem 518 Meter hohen Hilmarsberge, begleitet, sein Thal hat aber, im Gegensatz zum Thal der Holtemme, unterharzischen Charakter.

Auf mächtigem, waldigem Berge erhebt sich, 120 Meter über der Stadt, inmitten herrlicher Gärten und Parkanlagen, mit stattlichen Türmen und blinkenden Zinnen das fürstliche Schloß (Abb. 55), ein prachtvoller Neubau, in den sich die benutzbaren Reste der alten Grafenburg harmonisch einfügen. Entzückend schön ist dort oben der Blick über die reizvollen Waldthäler, unter denen das Christianenthal (Abb. 56) mit seinen Teichen und Wiesen, seinen Weiden und Riesenfichten sich durch Lieblichkeit auszeichnet, in die tannengekrönten Harzberge bis hin zum alles beherrschenden Brocken und über die stattliche Stadt zu Füßen hinweg in die weite, lachende Ebene mit den dicht hingestreuten Ortschaften. Nimmt es unter den Harzschlössern jetzt entschieden die erste Stelle ein, so werden ihm überhaupt nur wenige Bergschlösser in Bau und Lage an Schönheit gleichkommen.

Die erste Burg über dem von einem

Wernigerode nicht die ständige Residenz des regierenden Grafen, sondern meistens nur der Wohnsitz der jüngeren Söhne und Brüder; doch feierte Graf Wolfgang, das Haupt der Familie, hier im Juni 1541 seine Vermählung mit der Gräfin Dorothea von Blankenburg. Erst Graf Christian Ernst, der 1712 nach dem Tode seines Oheims Ernst zur Regierung kam, verlegte die Hofhaltung von Ilsenburg, das seit der Erbteilung von 1645 Residenz geworden war, dauernd nach Wernigerode. Die von seinen Brüdern begründeten Linien Gedern und Schwarza erloschen 1804 und 1748, so daß die reichen Besitzungen des durchlauchtigen Hauses wieder sämtlich vereinigt sind.

Die Einwohnerzahl der Stadt hat sich von 4036 im Jahre 1813 auf 11 600 im Jahre 1900 gehoben. Damals durch ihre engen, schmutzigen Straßen mit abscheulichem Pflaster bekannt, gehört „die Stadt vor dem Brocken" (Abb. 57) mit ihren ansehnlichen, schmucken Neubauten, ihren breiten, wohlgepflegten Straßen, mit denen schöne Promenaden wetteifern, jetzt entschieden zu den schönsten unserer Harzstädte. — Von mittelalterlichen Bauwerken hat sich außer dem stilgerechten Rathause (Abb. 58) von 1498 noch manches interessante Wohnhaus erhalten, von denen besonders das Gadenstedtsche aus dem Jahre 1582, das Gotische und das Frankenfeldsche der Besichtigung wert sind (Abb. 59).

Von Wernigerode wendet sich die Holt=
emme über Halberstadt der Bode zu.

Der berühmte Bischofssitz Halberstadt
(Abb. 61) ist eine der ältesten Städte in
unsern Gegenden und trägt in seinen alten
Straßen ein ehrwürdiges, mittelalterliches
Gepräge. Besonders interessant ist der in
der zweiten Hälfte des fünfzehnten Jahr=
hunderts in Fachwerk erbaute Ratskeller
am Fischmarkte. Ihm gegenüber erhebt sich
das altertümliche Rathaus (Abb. 60), ein
gotischer Steinbau aus der Zeit von 1360
bis 1381 mit späteren, jedoch die Wirkung
des Bildes nicht störenden Anbauten. Den
Domplatz, an dem auch der Petershof, die
frühere Residenz der Fürstbischöfe, liegt,
begrenzen zwei alte Gotteshäuser, die mit
vier Türmen gezierte romanische Liebfrauen=
kirche, deren älteste Teile fast bis zum
Jahre 1000 zurückreichen, und der maje=
stätische Dom (Abb. 62), das herrlichste,
großartigste Gotteshaus der Harzlande:
bald nach dem Jahre 1179, in dem Heinrich
der Löwe die erste bischöfliche Kirche nieder=
brannte, begonnen, konnte er erst 1491
geweiht werden, und die Türme, an denen

auch gegen Ende des sechzehnten Jahr=
hunderts gebaut wurde, sind gar erst vor
wenigen Jahrzehnten in Abschluß der 1847
angefangenen Restauration der Kirche in
ihrer ganzen Höhe fertig gestellt. Wie vor
dem Rathause ein riesengroßer Roland, so
befindet sich vor dem Dome der Lügenstein,
das Wahrzeichen der Stadt. Hinter dem
Domchor liegt das einfache Haus des
„Vaters" Gleim, der hier von 1747 bis
1803 als Domsekretär lebte. In seinem
„Freundschaftstempel" umschließt es mehr
als hundert Bildnisse von Dichtern und
Schriftstellern, Fürsten und Helden, einst
fast alles Gäste dieses Hauses, sowie ihren
Briefwechsel mit Gleim und eine wertvolle
Bibliothek.

Im Süden wird Halberstadt fast von
dem Goldbache berührt, der sich bei Wege=
leben in die Bode ergießt. Von diesem
Bache erstrecken sich drei parallele Hügel=
ketten von Nordwest nach Südost bis an
die Ufer der Bode. Die nördliche beginnt
mit den Spiegelsbergen, einem schönen
öffentlichen Parke, den der Domdechant
von Spiegel, Gleims Zeitgenosse, auf der

Abb. 88. Schloß Falkenstein.
(Nach einer Photographie von J. Rose in Wernigerode.)

Abb. 89. Schloßhof von Falkenstein.
(Nach einer Photographie von F. Rose in Wernigerode.)

bis dahin öden Anhöhe geschaffen hat; unter den wirkungsvollen Baumgruppen fallen besonders die alten Kiefern ins Auge. An diesen Park, dessen Turm auch eine hübsche Aussicht bietet, schließt sich die hochinteressante Felsenstadt der bewaldeten Klusberge, die sogenannte Halberstädter Schweiz. Am nordwestlichen Fuße des dritten Zuges, der im Hoppelberge bis zu 309 Meter aufsteigt und einen wundervollen Blick auf Berg und Land gewährt, liegt, vom Goldbach bespült, inmitten eines herrlichen Parkes das Schloß Langenstein, in dem einst Goethe die schöne Frau von Branconi, die Geliebte des Herzogs Karl Wilhelm Ferdinand von Braunschweig und Freundin Lavaters, besuchte. An der Ruine der benachbarten Altenburg und weiterhin finden sich in den Felsen gehauene Höhlungen, die noch heute — wohl ein Unicum in ganz Deutschland — als Wohnungen benutzt werden.

Dem Goldbach aufwärts bis zum Gebirge und dann im lauschigen Klostergrunde dem Rippenbach folgend, gelangen wir bei seinem Quell, dem Volkmarsbrunnen, an den Volkmarskeller, zwei in den Fels gehauenen Gewölbe, in denen im Anfange des zehnten Jahrhunderts die fromme Klausnerin Liutburg, die selbst der heilige Ansgar von Bremen besuchte, und später der Einsiedler Volkmar mit seinen Genossen hauste. Die auf der benachbarten Klippe jüngst bloßgelegten Grundmauern sind die letzten Reste des ältesten Klosters Michaelstein, das sich zwischen 1139 und 1148 aus jener Brüderschaft entwickelte. Aber den Cisterziensern, die aus Altenkampen hier einzogen, war der Ort zu rauh und abgeschieden, schon nach einigen Jahrzehnten zogen sie thalabwärts und gründeten am anmutigen Ausgange des Klostergrundes Neu-Michaelstein (Abb. 63 und 64). Von allen Seiten reich begabt, gedieh das Kloster trefflich bis in das sechzehnte Jahrhundert. Im Frühling 1525 aber stürmten es die Rotten wütender Bauern, und acht Jahre später ward es von Wilhelm von Haugwitz, einem Feinde des Herzogs Georg von Sachsen, niedergebrannt. In dem wieder erstandenen und zu Luthers Lehre übergetretenen Kloster, in dem zeitweilig eine Schule eingerichtet war, führten bald die Grafen von Regenstein und nach deren Erlöschen die Herzöge von Braunschweig den Abtsstab. Der letzte dieser fürstlichen Äbte ist der „tolle Christian" des dreißigjährigen Krieges, zugleich Bischof von Halberstadt. Auf unsere Tage sind vom alten Kloster nur der schöne gotische Kreuzgang, das romanische Refektorium und eine Krypta gekommen.

Dem Klostergut Michaelstein gegenüber, das jetzt ein Vorwerk der Domäne Heimburg bildet, steigt 100 Meter hoch aus der Ebene der Regenstein (Abb. 65) auf, ein 2 Kilometer langer Quadersandsteinfelsen, eine natürliche Festung mit ruinenartigen Türmen und Thoren. An der kleinen Roßtrappe, einer interessanten Felsbildung, vorüber, gelangen wir an die Trümmer der um das Jahr 1100 erbauten Grafenburg. Alle Gemächer, auch die im Anfange dieses Jahrhunderts zum Tanzsaal entweihte Kapelle, sind in den gewachsenen Felsen eingehauen, von den auf den jäh abstürzenden Platten und Kuppen einst vorhanden gewesenen Türmen, Mauern und Gebäuden sind nur noch Spuren vorhanden.

Das mächtige Grafengeschlecht, dem auch die Linien Blankenburg und Heimburg angehören, beherrschte nicht nur das heutige braunschweigsche Fürstentum Blankenburg, sondern besaß auch noch einen großen Teil der Vorlande des Harzes, und die ihm zustehende Edelvogtei des Kaiserstiftes Quedlinburg verlieh ihm noch besondere Bedeutung und Glanz. Da begannen im vierzehnten Jahrhundert die Bischöfe von Halberstadt, vor allem Albrecht V. aus dem Hause Braunschweig, mit großer Beharrlichkeit die Grafen aus ihrer Machtstellung im Harzgau zu verdrängen. Nicht ohne Bewunderung und Teilnahme kann man das mannhafte, aber unglückliche Ringen der Grafen gegen den mächtigen Nachbar, der auch unwürdiger Waffen sich zu bedienen keinen Anstand nahm, ihr einmütiges Zusammenhalten im Kampfe um ihr gutes Recht im einzelnen verfolgen, und der Heimburger Albrecht III., den die Volkssage als den Raubgrafen bezeichnet,

Abb. 90. Schloß Ballenstedt.
(Nach einer Photographie von F. Rose in Wernigerode.)

diesen thatkräftigsten aller Regensteiner, der auch in der Notwehr das Recht des andern achtet, darf unsrer wärmsten Sympathie sicher sein, wenn wir ihn 1348 unter tückischem Schwert verbluten sehen.

Albrechts Nachkommen verarmten im fünfzehnten und sechzehnten Jahrhundert trotz aller Sparsamkeit — Graf Ulrich verbrauchte für seine Person jährlich nur 939 Gulden — mehr und mehr, und am 4. Juli 1599 ging still und ruhmlos, in Elend und Dürftigkeit, von niemanden beklagt, von niemanden beachtet, der Letzte des Grafenstammes zu Grabe, der einst zu den mächtigsten, geachtetsten und gefürchtetsten gehört, der Hunderte von Rittern, Kirchen und Klöstern mit reichen Besitzungen beschenkt und beliehen hatte, dessen Waffen einst im fernen Norden ebenso laut und siegreich erklangen wie im fernen Süden am Grabe des Erlösers.

Im Jahre 1670 bemächtigte sich der Große Kurfürst als Inhaber des Bistums Halberstadt des Regensteins und begann nach Fargells Plane den Umbau der Festung, der sich 50 Jahre lang hinzog. Die zahlreichen in den Felsen gesprengten Kasematten rühren aus jener Zeit. Aber als sich die Festung im Ernstfalle nicht bewährte — zweimal fiel sie im siebenjährigen Kriege in die Hände der Franzosen — ließ Friedrich sie schleifen, die Mauern bis auf den Boden, die Gebäude bis auf den Grund zerstören. Noch heute ist der Regenstein eine preußische Enklave im braunschweigischen Gebiete.

Einer Lilie gleich im Kranze grüner Waldberge, die sie im Halbkreise umgeben, leuchtet die Blankenburg (Abb. 66) von dem hellen Kalkfelsen des Blankensteins weit hinaus in die Vorlande.

Während alle andren Randstädte des Harzes am Ausgange eines Flußthales liegen, steigt Blankenburg (Abb. 67 u. 68), als wollte es an die schützende Burg sich anschmiegen, terrassenförmig, wie aus südlichen Landen hieher versetzt, den Schloßberg hinan. Vom hochgelegenen Marktplatze, an dem wir das in seinem ältesten Teil schon aus dem Jahre 1233 stammende Rathaus betrachten, klimmen wir auf 76 Stufen zur Bartholomäuskirche hinauf, von der ehemals statt des jetzigen steilen Weges eine Treppe von 266 Stufen zur Schloßrampe hinaufführte.

Die älteste Blankenburg fand ihren Untergang in den Kämpfen Heinrichs des Löwen und Kaiser Barbarossas. Das neue Schloß, anfangs ein einfacher Bau, ward im fünfzehnten und sechzehnten Jahrhundert, als es den Grafen auf dem Felsenneste im Regenstein ungemütlich wurde, bedeutend erweitert und umgebaut, doch brannte 1546 das „Haupthaus" in einer entsetzlichen Feuersbrunst, aus welcher Graf Ulrich, ohne seiner erstickenden Gemahlin helfen zu können, kaum das Leben rettete, wieder nieder; und kaum war nun endlich 1595 der Bau vollendet, da schloß der letzte Blankenburger, ein Knäbchen von drei Jahren, die Augen.

Im Jahre 1690 wurde Blankenburg, sehr zur Freude und zum Vorteil der durch den dreißigjährigen Krieg schwer geschädigten Bürger, ständige Residenz. Herzog Ludwig Rudolf schlug hier seinen glänzenden Hof auf und suchte Ludwig XIV. in üppigen Festen und Jagden und Komödien zu überbieten und was sonst an Zeit noch blieb, mit Pegnitzer Schäferspielen und adeligen Bauernhochzeiten auszufüllen. Und als die älteste Prinzessin die Gemahlin des (späteren) Kaisers Karl VI. und die zweite die des russischen Thronfolgers Alexei ward, gestaltete sich die Hofhaltung noch luxuriöser. Doch bald waren die Tage des Glanzes vorüber, denn als Ludwig Rudolf 1731 auch Braunschweig erbte, verlegte er dahin seine Residenz.

Daß die Kaiserin Maria Theresia einen großen Teil ihrer Kinderjahre bei den Großeltern in Blankenburg verlebt hatte, kam der Stadt im siebenjährigen Kriege zu gute: die österreichischen Truppen mußten sie schonend behandeln.

Von 1796—98 war Blankenburg die Zufluchtsstätte des späteren französischen Königs Ludwig XVIII.; da wohnten Grafen, denen in der Heimat kaum ein Schloß geräumig genug gewesen war, in engen Dachkammern.

Das außen nüchtern sich darstellende Schloß enthält viele Prunkzimmer und wertvolle Gemälde, aber schöner noch ist der Blick durch die Fenster auf die waldumkränzten Berge, in die reichgeschmückten Thäler, und ein Gang durch die prächtigen Gartenanlagen, die unmittelbar in hohen Buchenwald übergehen.

Abb. 91. Ballenstedt.

(Nach einer Photographie von Sophus Williams in Berlin.)

Abb. 92. Flammofen-Anlage auf Kupferkammer Spurhütte.
(Aus: Bilder aus dem Bergwerks- und Hüttenbetriebe der Mansfeld'schen Gewerkschaft, Verlag der Kuhnt'schen Buchhandlung [E. Graefenhan] in Eisleben.)

XV.

Die Bodelandschaft.

Wir kehren noch einmal auf das Brockenfeld zurück, um auch der Bode, dem bedeutendsten seiner Flüsse, das Geleit durch den Harz zu geben.

Von ihren Quellflüssen entspringt die Kalte Bode unter dem Königsberge, mit der Ecker in demselben, höchst gelegenen Moore, und plätschert zwischen Königsberg und Erdbeerkopf einer- und Wurmberg und Barenberg anderseits der „Gegend der Elenden und Schurken" zu.

Schierke (Abb. 70), das seit 1888, dem Jahre seiner „Entdeckung", sich mit fast fieberhafter Bauthätigkeit zu einem der besuchtesten und vornehmsten Badeorte aufgeschwungen hat, ist das einzige Dorf mit Brockencharakter (Abb. 69). In gleicher Höhenlage mit der Stadt Klausthal, wird es eng von hohen, finsterbewaldeten Bergen eingeschlossen; wunderbare Granitfelsen, wie die regelmäßig geschichtete Mauseklippe, die „langen Felsennasen" der magnetischen Schnarcher, zwei von Riesenhand roh erbaute 26 Meter hohe Türme, von denen sich Thal und Dorf prächtig übersehen lassen, die Schersthor- (das ist Thors Thor) Klippen, der Arensklint (d. i. Adlerklippe) (792 Meter) und die Feuersteinsklippen, ragen seitwärts empor, und Waldgrund und Wiese sind mit großen und kleinen Granitbrocken dicht übersät. Bei Elend, das dem 100 Meter höher gelegenen Schierke als Sommerfrische nachzukommen sucht — wir gelangen dorthin auf herrlichem, die rauschende Bode begleitenden Pfade — tritt diese aus dem Granitgebiete heraus und wird, wie um sich von dem Gefälle von 400 Meter zu erholen, ein stilles, harmloses Wiesenflüßchen. Es gibt im Harze keinen gleich großen landschaftlichen Gegensatz so unmittelbar nebeneinander.

Unterhalb des Hüttenortes Königshof, der eine Fortsetzung der Rotenhütte bildet, nimmt die Kalte die Warme Bode auf. Am Südende des Brockenfeldes, nördlich von der Achtermannshöhe entsprungen, drängt sie sich zwischen dieser und dem Wurmberg durch und schlägt über den 560 Meter hoch belegenen Flecken Braun-

lage (Abb. 71), der als Sommerfrische
zusehends aufblüht, und Tanne, dem An=
fangspunkte der Zahnradbahn nach Blanken=
burg, einen halbkreisförmigen Bogen. Den
968 Meter hohen Wurmberg besteigen wir
auf roher Steintreppe von Braunlage aus;
die bewaldete Kuppe gestattet aber nur den
Durchblick durch einige Schneisen.

Von Königshof führt die Bahn nach
der 467 Meter hoch zwischen Kornfeldern
und großen Weideflächen gelegenen Stadt
Elbingerode, in der am 20. März 1744
der französische Marschall von Belle = Isle
vom Amtmann Meyer auf eigene Hand
gefangen genommen wurde. Wir aber
folgen dem Fußpfade, der uns über die
vor einigen Jahren wieder bloßgelegte
Königsburg, das ist die alte Jagdpfalz
Bodfeld, auf der Kaiser Heinrich III. in
den Armen eines Papstes starb, und an der
Susenburg, einer vorgeschichtlichen Wall=
burg in der ersten der wunderlichen Krüm=
mungen der Bode, vorüber nach dem Hütten=
orte Rübeland (378 Meter) führt.

Von den drei berühmten Tropfstein=
höhlen, welche dem übrigens hübsch gelege=
nen Rübeland zahllose Fremde zuführen,
war die Baumannshöhle schon um die
Mitte des sechzehnten Jahrhunderts allge=
mein bekannt, dagegen ist die Hermanns=
höhle (Abb. 72) erst 1866 entdeckt. Wenn
auch jene durch die Höhe und Weite ihrer
prächtig gewölbten Räume die Hermanns=
höhle übertrifft, so hat diese doch schönere
und reinere Tropfsteingebilde. Wunder=
niedlich sind die schneeweißen Figürchen in
ihrer Krystallkammer, hübsch auch die Blaue
Grotte und andre Naturspiele.

Von Rübeland ersteigt die Zahnradbahn
das auf einer baumlosen Hochebene, 447
Meter hoch, inmitten einer weiten Acker=
flur belegene Dorf Hüttenrode. Nichts in
der Umgebung, nur das rauhere Klima,
das den Roggen erst im September reifen
läßt, sagt uns, daß wir uns wirklich im
Gebirge befinden.

Um der Bode nach Altenbrak ungestört
folgen zu können, holen wir zunächst auch
die Rappbode heran. Sie entspringt am
hohen Südrande des Gebirges, wendet sich

Abb. 93. Otto=Schächte I und III.
(Aus: Gruben= und Hüttenanlagen der Mansfeld'schen Gewerkschaft, Verlag der Kuhnt'schen Buchhandlung [E. Graefenhan]
in Eisleben.)

Abb. 94. Schrämarbeit.
(Aus: Bilder aus dem Bergwerks- und Hüttenbetriebe der Mansfeld'schen Gewerkschaft.
Verlag der Kuhnt'schen Buchhandlung [E. Graesenhan] in Eisleben.)

aber nördlich auf das 535 Meter hoch gelegene Städtchen Benneckenstein, eine Station der Harzquerbahn, fällt durch Wald bis zu dem von Sommerfremden noch nicht entdeckten Trautenstein um 80 Meter und schlängelt sich, von rechts die Hassel aufnehmend, in einem lieblichen Thal dem Hauptflusse zu. An der Hassel liegen in einer Gegend, wo vom Gebirge wenig wahrzunehmen ist, der schon oberdeutsch redende Flecken Stiege (482 Meter) an hübschen Teichen und das Städtchen Hasselfelde, die Endstation der über Güntersberge herangeführten Selkebahn.

Felsen wie bei Rübeland treten im Bodethal zunächst nicht wieder auf. Ohne starkes Gefälle (1 : 300) rauscht der breite Fluß, von einem Wiesensaum friedlich eingefaßt, zwischen den mächtigen Höhen dahin, an denen das heitere Buchengrün mehr und mehr das Fichtendunkel verdrängt. Zwischen der Mündung der Rappbode und der Luppbode in der Gegend von Wendefurt und Altenbraak häufen sich seine Windungen in so wunderbarer Weise, daß er oft in sich selbst zurückzukehren scheint, ja daß man einmal den Fluß an sechs verschiedenen Stellen erblickt.

Von Treseburg (Abb. 73) ab, wo die Bode in dem schluchtenartigen Thal der „Engen Wege", dem nur durch bedeutende Felsensprengungen ein schmaler Pfad hat ab

gerungen werden können, mit starkem Gefälle (1 : 90) das Granitgebiet des Rambergs zu durchbrechen unternimmt, steigert sich die herzerquickende Schönheit des Thales von Schritt zu Schritt. Die Klippen, welche aus den Buchenhängen hervortreten oder streckenweise ganz mit ihnen wechseln, werden schroffer und nehmen abenteuerlichere Gestalten an, bis sich von den Gewitterklippen abwärts ihr Charakter zur Wildheit steigert. Aber um die starren Glieder schlägt überall sänftigend der üppige Laubwald in allen Schattierungen sein prächtiges Gewand. Welche entzückende Mannigfaltigkeit in buntem Wechsel! In den „gemischten Bestand" der Fichte und Buche, mit dem der Harz auch sonst seine Thalhänge schmückt, treten hier auch noch Ahorn und Esche, Linde und Ulme, die Eiche mit ihrem dunkelglänzenden Blatte und die flimmernde, weißborkige Birke ein, ja selbst die knorplige Eibe mit ihrem schwarzgrünen, schweren Nadelbehange, gleichsam die Vertreterin einer aussterbenden Generation, beteiligt sich an der festlichen Ausschmückung des Thales, und von den höchsten Felsen schaut die Kiefer, mit ihrem hellbraunen Stamme eine gar ausdrucksvolle Zierde, jählings in die Tiefe. Was aber all den Felsgebilden und der bestrickenden Üppigkeit des Baumwuchses erst das rechte Leben gibt, das ist das tosende, schäumende Wasser des eng eingeklemmten, leidenschaftlich aufgeregten Flusses, der wie wütend zwischen den Felstrümmern hindurchrast, um brausend in den tiefen, wirbelnden „Kessel" zu stürzen (Abb. 74).

Aber auch der Weg von Thale an der schäumenden Bode aufwärts bis zu der über den Bodekessel führenden Teufelsbrücke, an der früher der Pfad endete, ist geeignet und ausreichend, das ob des zauberhaft schönen Bildes staunende Auge mit Wohl

gefallen zu sättigen und das Herz mit hei=
ligem Schauer zu erfüllen. Die tiefe, kühle
Felsspalte (Abb. 75), in welche die Sonne
kaum herunterzublicken vermag, verengert
sich Schritt für Schritt; hier sind die Seiten=
wände durch die Verwitterung zu seltsamen
Zacken zersägt oder zu Gebilden umgestaltet,
denen man die Namen Bodethor, Berg=
kanzel, Mönch hat geben können, dort
scheint gar die Ruine einer ganzen Ritter=
burg am Felsen zu hängen; hier drohen
die Felsenmauern hernniederzubrechen, dort
überbrückt der Pfad mühsam einen Abgrund;
oft scheint die Schlucht sich völlig zu schließen,
aber hinter der vorspringenden Wand öff=
net sich, oft kesselartig, an der sich krüm=
menden Bode eine neue ebenso wilde und
großartige Spalte.

Auf dem Zickzack der Schurre ersteigen
wir die Roßtrappe (375 Meter), genießen
den glänzenden Rundblick vom Turme der
„Winzenburg“, einer durch Gräber und andre
Funde bezeugten vorgeschichtlichen Wallburg,
und treten auf den 25 Meter unter dem
Gasthause liegenden, von keines Menschen
Hand erbauten Turm des Felsenthores,

durch welches das wilde Harzkind in das
Land hinaustritt. Kaum zwei Meter breit,
aber auf sicheren Pfeilern ruhend, schiebt
sich seine (vorgeschichtlich befestigte) Platt=
form aus dem Granitwalle näher an
den Fluß heran, so daß das Auge unbe=
hindert aufwärts und niederwärts in die
Felsenwelt eindringen und 200 Meter tief
in die Thalschlucht, aus der das Brausen
und Rauschen der alten Bode wie leises
Gemurmel unverdrossen heraufklingt, sich
senken kann. Und siehe hier die Trappe,
welche der Huf des Riesenpferdes in die
harte Granitplatte, beim gewaltigen Sprunge
quer über das Thal hart aufschlagend, ein=
gegraben hat!

Der zweite Pfeiler des Bodethores, der
Hexentanzplatz (Abb. 76), überragt den Roß=
trappfelsen um 80 Meter. Der Blick in
die Tiefe und in die zerspaltenen Granit=
wände und dann in die Höhe zum blauen
Brocken, der sich unmittelbar auf die Fels=
wand aufzusetzen scheint, und wieder in die
lachende Ebene mit ihren Dörfern und
Städten: das alles bewegt das Herz ge=
waltig und wunderbar, wenn anders die

Abb. 95. Abteufen des Segengottes=Schachtes.
(Aus: Bilder aus dem Bergwerks= und Hüttenbetriebe der Mansfeld'schen Gewerkschaft, Verlag der Kuhnt'schen
Buchhandlung [E. Graesenhan] in Eisleben.)

Flut der Gäste, die nur auf dem Brocken noch größer ist, uns den Genuß nicht verkümmert.

Ehe wir der Bode von dem 9600 Einwohner zählenden Dorf Thale, mit dem als Sommerfrische ersten Ranges nur noch Harzburg und Schierke konkurrieren, nach Quedlinburg folgen, werfen wir zur Linken einen Blick auf die Teufelsmauer. Vom Blankenburger Schlosse durch einen tiefen Einschnitt getrennt, zieht sich dem Harzrande parallel ein schmaler Bergzug nach Osten, dessen bewaldeter Abhang der Heidelberg heißt. Auf dem Rücken selbst ragt ein wunderbares Felsenriff aus Quadersandstein in vielen Unterbrechungen, hier anmutig mit Bäumen und Kräutern bewachsen, dort kahl und nackt, hervor. Wie von

Abb. 96. Mansfelder Georgsthaler von 1620.

Riesenhand absichtlich zusammengewälzt, zeigt es sich hier als schroffe Klippe, senkt sich dort zerklüftet und zerteilt nieder, läßt sich streckenweise nur in zersplitterten, unordentlich umhergeworfenen Gesteinsbrocken verfolgen und verschwindet dann völlig, um in der Nähe der Bode, Thale gegenüber, wieder aufzutauchen. Die Sage bezeichnet diese Riesenmauer als ein Werk des Teufels, der sich mit Gott um die Herrschaft über die Erde stritt. Auf dem Löbbekensteige, der über den ganzen Zackenkamm führt, gelangen wir zu ihren besten Aussichtspunkten, dem Brockenblick und dem Großvater.

Auf dem von der Bode unmittelbar bespülten, einem lieblichen Blumengarten gleichenden Gottesacker der Servatius- oder Schloßgemeinde lag der alte Königshof Quitelingen (d. i. Niederlassung auf der

Flußgabel), von dem die Ottonen so oft das Reich regierten. Die angrenzende seit 1816 zur Scheune erniedrigte Sankt Wipertikirche ist die älteste weit und breit. Auf scharf von der Bode aufsteigendem Sandsteinfelsen erhebt sich neben dem aus dem sechzehnten Jahrhundert stammenden Schlosse der Äbtissinnen, dessen Einrichtung Hieronymus Napoleon zu Gelde gemacht hat, der wertvollste Schmuck Quedlinburgs (Abb. 78), die lange vernachlässigte und erst in neuester Zeit wieder zu Ehren gekommene herrliche Schloßkirche, die als ein Wahrzeichen der Stadt weit in die Lande leuchtet. In ihrer Krypta ist König Heinrich I., ihr Erbauer, mit seiner Gemahlin beigesetzt. Die Oberkirche, eine frühromanische, dreischiffige Basilika mit gerader Balkendecke, stammt im wesentlichen aus der von 1070 bis 1129 reichenden Bauperiode, der Chor ist jedoch im vierzehnten Jahrhundert gotisch umgebaut. In der Cither, der zugleich als Sakristei dienenden Schatzkammer (Abb. 79), werden unter andern Kostbarkeiten der von der Kaiserin Teophano geschenkte „Krug von der Hochzeit in Kana“, ein von König Heinrich I. geschenktes wertvolles Reliquienkästchen, mit Elfenbeintäfelchen ausgelegt, auf denen Scenen aus Christi Leben in Hochrelief dargestellt sind, und ein Bruchstück einer mit prachtvollen byzantinischen Miniaturen bedeckten Itala, der ältesten lateinischen Bibelübersetzung aufbewahrt. Unter der Kirche ziehen sich weite in den Sandsteinfelsen eingehauene Grabgewölbe hin, in denen die Leichen nicht verwesen; besonders schön erhalten ist die der schönen Pröpstin Aurora von Königsmark, doch darf sie nicht gezeigt werden.

Die Vogtei über das auch nach der Reformation fortbestehende Stift ging 1697 von den Wettinern an Brandenburg über. Reichsunmittelbar war dieses dem Namen nach bis zu seiner Aufhebung und Einverleibung in Preußen im Jahre 1801.

Vom Schloßplatze, an dem Klopstocks Geburtshaus aus dem sechzehnten Jahrhundert uns besonders anzieht, gelangen wir durch den „Finkenherd“ in die altertümliche Stadt mit ihren schönen Kirchen und dem mit wildem Wein dicht überwucherten im Jahre 1615 im Renaissancestil umgebauten Rathause (Abb. 77). Um das Jahr 1000 mit Stadtrechten begabt und zur Zeit ihres blühenden Handels ein angesehenes Glied der Hansa, ist Quedlinburg, dessen Einwohnerzahl von 10000 im Jahre 1807 auf 23400 im Jahre 1900 gestiegen ist, heute vorwiegend Gärtnerstadt.

Die vielgetürmte Innenstadt, das aus dem „Westendorf“ hochragende Schloß, die neuen Vorstädte mit ihren Villen und Fabriken vereinigen sich mit dem Kranze der in allen Farben prangenden Fluren, dem Lustwäldchen des Brühls, in welchem dem Sänger des Messias und dem Geographen Karl Ritter Denkmäler (Abb. 80 u. 81) errichtet sind, mit den mittelalterlichen Warten rings auf den Höhen und der Felsreihe der Teufelsmauer und den dunklen Harzbergen im Hintergrunde zu einem Bilde von eigenartiger Schönheit.

Wir kehren noch einmal nach Thale

Abb. 97. Mansfelder Thaler von 1811.

gebettete Dorf Stecklenberg zu wandern, das sich, noch frei von Kurhäusern und Villen, seine jungfräuliche, ländliche Anmut und Einfachheit bewahrt hat. Und von den benachbarten Ruinen der Stecklenburg und der höheren Lauenburg, von deren noch besteigbarem Turme (348 Meter) man auch den fernen Brocken über den dichten Massen saftgrünen Buchenwaldes erblickt, weht ein romantischer Hauch über das friedliche Dorf.

Den Gebirgsrand entlang schreitend, gelangen wir an zwei schwesterlich aneinander geschmiegte Orte, das preußische Dorf Suderode (Abb. 82, 198 Meter) und das anhaltische Städtchen Gernrode (Abb. 83, 224 Meter), die zusammen etwa 4500 Einwohner haben. Der lieblich am Waldsaum gelegene Kurort Suderode heißt nicht mit Unrecht das Harzer Montreux. Lieblich ist die Aussicht vom 314 Meter hohen Stubenberge in das waldumschlossene stille Hagenthal und auf das Hügelgelände um Quedlinburg mit etwa 40 Ortschaften; auch die Gegensteine, mit denen die Teufelsmauer nach langer Unterbrechung wirksam abschließt, reihen sich malerisch in das Bild ein. In das Innere von Gernrode lockt uns ein Prachtstück ersten Ranges, die einfachderbe Stiftskirche, ein romanischer Bau aus dem zehnten Jahrhundert, wie es in dieser Vollständigkeit keinen zweiten in ganz Deutschland gibt. Im Jahre 959 vom Markgrafen Gero, dem gewaltigen und gewaltthätigen Besieger der Slaven, begonnen, ward sie erst von seiner Schwiegertochter Hedwig, der ersten Äbtissin des von ihm

Abb. 98. Mansfelder Thaler von 1862.

zurück, um durch das waldumkränzte Steinbachthal über die Georgshöhe (386 Meter) nach dem mit seinen Obstgärten idyllisch in den Laubwald des Wurmbachthales ein-

gegründeten vornehmen Frauenstiftes, voll=
endet. Nach mancherlei Unbilden früherer Zeit
wurde die Kirche des im Jahre 1614 von
Anhalt eingezogenen Stiftes 1832 mit dem
Klostergute verkauft; nun wurden die Kreuz=
gänge zu Viehställen, die Krypta zum Kar=
toffelkeller, der Raum über der flachen Decke
zum Getreideboden entweiht. Der Dank
für die Erhaltung und Wiederherstellung
gebührt dem edlen Fürstenhause Anhalt:
Herzog Alexander Karl kaufte sie zurück,

(Reuß) durch einen Künstler der Nürn=
berger Schule anfertigen lassen. Diese
Elisabeth, welche von 1504 bis 1532 re=
gierte, ist die größte unter den Fürstinnen=
Aebtissinnen von Gernrode. Auf dem Reichs=
tage zu Worms ließ sie sich durch einen
besondern Bevollmächtigten vertreten, er=
langte 1521 vom Kaiser Karl V. die Be=
stätigung der Privilegien und trat in dem=
selben Jahre noch als die erste aller reichs=
unmittelbaren Äbtissinnen, ohne sich durch

Abb. 99. Markt mit Luther=Denkmal und Andreas=Kirche in Eisleben.

und er und seine Nachfolger ließen sie seit
1859 mit einem Kostenaufwande von
400 000 Mark würdig restaurieren. Eine
Basilika mit Querschiff und westlichem Turm=
bau, ist sie in ihren Formbildungen gewisser=
maßen ein Spiegel der Roheit, aber auch
der Solidität des im zehnten Jahrhundert
noch völlig von der Kultur unberührten
kräftigen Sachsenstammes (Abb. 84).

Vor dem Kreuzaltar im Mittelschiff
befindet sich die Grabstätte Geros. Das
prächtige Denkmal in Sarkophagenform
hat 1519 die Äbtissin Elisabeth von Weida

die benachbarten Fürsten und Bischöfe irre
machen zu lassen, zur Lutherischen Lehre
über; und als 1525 der große Bauern=
krieg auch die Gründung Geros mit Ver=
nichtung bedrohte, trat sie unerschrocken und
im Bewußtsein geistiger Überlegenheit den
Aufrührern entgegen und brachte sie durch
verständige Vorstellung zum Gehorsam gegen
ihre Obrigkeit zurück.

Durch das Hagenthal steigen wir zum
Ramberge hinauf. Gleich dem Brocken
Mittelpunkt einer Graniterhebung und wie
dieser mit Granittrümmern übersät, welche

Abb. 100. Eisleben.

auf seinem abgerundeten Gipfel die soge=
nannte Teufelsmühle bilden, erhebt er sich
zwischen Bode und Selke zu einer Höhe
von 595 Meter, 200 Meter über die Hoch=
ebene an seinem Fuße. Von dem auf ihm,
der „Viktorshöhe“, 1829 erbauten Holzturme
hat man einen weit umfassenden, doch ziem=
lich einförmigen Rundblick.

XVI.
Die Selkelandschaft.

Die Selke entspringt auf der einför=
migen Hochebene des Unterharzes in
500 Meter Meereshöhe nördlich von Fried=
richshöhe, fließt als einfaches Rinnsal,
immer von der Bahn begleitet, über Günters=
berge (410 Meter) nach Lindenberg=Straß=
berg und schlägt hier nordöstliche Richtung
auf Mägdesprung ein. Erst bei der Silber=
hütte erhält das bis dahin flache Thal durch
die von Fichten und Kiefern umsäumten
Wiesengründe einen gewissen Reiz. Von dem
325 Meter hoch in einem freundlichen Laub=
waldkessel belegenen Alexisbad (Abb. 85)
an erschließen sich aber dem Wanderer von
Schritt zu Schritt wechselnde liebliche Bilder.
Aus dem herrlichen, mit Eichen, Birken
und andern Laubbäumen, auch mit Fichten,
durchsprengten Buchenwalde, welcher die Ge=
hänge des Thales schmückt, starren hie und
da, manche wie verstohlen, einzelne Klippen
und ganze Felswände heraus; die bedeu=
tendste ist die sagenhafte Mädchentrappe
über dem durch seinen vorzüglichen Kunst=
guß rühmlichst bekannten Hüttenorte Mägde=
sprung (Abb. 86). Doch ist der Blick von
der anliegenden Freundschaftsklippe noch
schöner als von der mit einem drei Meter
hohen eisernen Kreuze bezeichneten Trappe.
Der Wellenschlag der vom Winde bewegten
Wipfel der düsteren Waldung, über welche
die ruhige Kuppe des Ramberges ernst her=
überblickt, das frische, kräftige Grün un=
mittelbar über nacktem Fels, die weichen,
geschwungenen Linien der Höhenzüge machen
das für die Selkelandschaft charakteristische
Bild trotz seiner Einfachheit anziehend und
erhebend.

Seitwärts liegt auf einer 395 Meter
hohen Ebene, die nach altem Spruche „Korn
und Geld“ trägt, im Mittelpunkte von acht
großen strahlenförmig von hier ausgehen=
den Straßen, das 4300 Einwohner zäh=

lende Städtchen Harzgerode, einst Residenz
einer Linie des Hauses Anhalt, deren Glie=
der unter der Kirche ihre Ruhestätte ge=
funden haben. In dem derben, doch wür=
digen Schlosse, aus dessen Münze die schönen
anhaltischen Ausbeutethaler und auch jüngere
Münzen tadellosen Gepräges (Abb. 87)
stammen, befindet sich jetzt eine große Mine=
raliensammlung, welche seltene Prachtstücke
aus den Gruben des Herzogtums enthält.
Von Mägdesprung, wo die Eisenbahn sich an
der Ruine der Heinrichsburg vorüber auf
Gernrode wendet, schlängelt sich die Selke,
von Wiesen besäumt, mäanderartig durch das
breite, sich mehr und mehr vertiefende Thal,
an dessen schönster Stelle, bei der Selke=
mühle, ein verbotener Aufstieg zu den spär=
lichen Trümmern der von Otto dem Reichen
und seinem Sohn Albrecht dem Bären er=
bauten Burg Anhalt führt; und kurz vor
ihrem Eintritt in das Flachland schaut der
schimmernde Falkenstein 150 Meter auf die
Thalsohle hernieder.

Um das Jahr 1080 erschlug Egeno
von Konradsburg den Grafen Adalbert von
Ballenstedt in hinterlistigem Überfall; zur
Sühne dieses Mordes verwandelte sein
Sohn Burchard die über Ermsleben be=
legene Stammburg in ein Kloster und er=
baute sich die Burg Falkenstein, nach der
er sich 1120 zum erstenmal benannte. Sein
Enkel Graf Hoyer ließ um das Jahr 1230
auf dem Falkenstein durch den Schöffen
Eike von Repgow aus dem Gewohnheits=
recht des alten Sachsenlandes und den
Weistümern (Urteilen) der Freien= und
Godinge den berühmten Sachsenspiegel zu=
sammenstellen, der in seiner eigentlichen
Gestalt in Norddeutschland, Preußen, Polen
und einem Teil der russischen Ostseeprovinzen,
in einer Nachahmung als „Spiegel aller
deutschen Leute“ und dem auf diesem be=
ruhenden Schwabenspiegel im übrigen
Deutschland das nationale Gesetzbuch wurde.
100 Jahre später, 1332, verkaufte der
letzte seiner Nachkommen, Graf Burchard,
ohne die Rechte seiner an den Grafen Alb=
recht von Regenstein verheirateten Schwester
Oda zu achten, die 1296 durch die Herr=
schaft Arnstein vergrößerte Grafschaft an
den Bischof von Halberstadt, und die darob
entbrennende, von dem Quedlinburger
Julius Wolff im „Raubgrafen“ so an=
schaulich geschilderte Fehde vermochte daran

nichts zu ändern. Wieder 100 Jahre
später ging dann der Falkenstein, 1437 als
Pfand=, 1449 als Lehnsbesitz, an die Herren
von der Asseburg, die Nachkommen des
zur Zeit des Kaisers Otto IV. hervorragen=
den Gunzel von Wolfenbüttel über, und
diese „Grafen von der Asseburg = Falken=
stein" besitzen die noch immer bewohnbare
Burg noch heute.

Niemals in Krieg und
Fehde beschädigt, nie von
Feuersbrunst heimgesucht,
bietet das herrliche Schloß
(Abb. 88 u. 89) das einzige
Beispiel im ganzen Harze,
noch jetzt das völlig getreue
Bild eines mittelalterlichen
Grafensitzes dar. Dazu ist
die Aussicht von der Galerie
des gewaltigen runden Berg=
frieds, der Blick auf das
grüne Waldmeer mit den
hochragenden Felsinseln des
Rambergs und des Brockens
und in das Flachland hin=
aus bis zu den Bergzügen
des Huy und Hakel und
zu den Domtürmen von
Magdeburg wahrhaft ent=
zückend.

An dem im schönen
Parke belegenen Schlosse
Meisdorf, dem jetzigen Gra=
fensitze, über dem 275 Meter
hoch die Reste des Klosters
Konradsburg liegen, und
an dem als Gleims Ge=
burtsstadt bekannten Erms=
leben, der Hauptstadt der
Grafschaft, vorüber, strebt
nun die Selke der Bode zu.

An der ihr vorher zu=
fließenden Krummen Getel,
dem „anhaltinischen Mäander", liegt in=
mitten blumengeschmückter Gärten und ein=
träglicher Obstplantagen 217 Meter hoch
die freundliche, stille Stadt Ballenstedt
(Abb. 91), die Sommerresidenz des Herzogs
von Anhalt.

Der erste aus dem schwäbischen Ge=
schlechte der Askanier, der sich nach Ballen=
stedt nennt und demnach auf dieser Burg
wohnte, ist Esike, Graf im Schwabengau.
Als dessen Sohn Adalbert auf dem Wege

nach Aschersleben erschlagen wurde, wan=
delten seine Nachkommen — sein Sohn
Otto der Reiche und sein Enkel Albrecht
der Bär — den Stammsitz Ballenstedt in
ein Kloster um und erbauten sich auf einer
Höhe im Selkethal die Burg Anhalt, nach
der jetzt das ganze Herzogtum genannt
wird. Doch war das Kloster geräumig
genug, neben Abt und Konvent auch dem

Abb. 101. Luthers Geburtshaus in Eisleben.

Stifter und Schirmherrn einen Wohn=
sitz zu gewähren. Als Albrecht der Bär,
der große Markgraf von Brandenburg, der
nach völliger Niederwerfung der Wenden
die verödeten Gegenden an der Elbe, Havel
und Spree mit niederländischen und rhei=
nischen Kolonisten neu besiedelte und den
Rest der Wenden durch Einführung des
Christentums, deutscher Sprache und deut=
scher Gesetze germanisiert hat, 1168 lebens=
satt die Regierung seinem Sohne Otto über=

gab, zog er sich auf sein väterliches Erb=
schloß und Stift am Harze zurück und ist
hier in Ballenstedt, wo er 1106 das Licht
der Welt erblickt hatte, auch am 18. No=
vember 1170 verschieden und an der Seite
seines Vaters Otto und seiner Mutter
Eileke, der reichen Tochter des letzten Bil=
lungers, und seiner Gemahlin Sophie, der
Schwester des mächtigen Grafen Hermann II.
von Winzenburg, beigesetzt.

Nachdem das Kloster 1525 im Bauern=
kriege sein Ende gefunden hatte, diente es
den Fürsten hin und wieder, namentlich
zur Zeit der Jagden, als Absteigequartier,
von 1627 an aber mehrfach auf Jahre
als Residenz oder Witwensitz. In den
Jahren 1704 bis 1720 bedeutend vergrößert,
erfuhr das Schloß unter dem Fürsten Fried=
rich Albrecht, der 1765 hier dauernd seine
Residenz nahm, eine völlige Umgestaltung;

und nach all diesen Bauten, die dem Schlosse
(Abb. 90), dessen schönster Schmuck die edle,
geschmackvolle Einfachheit ist, ein wahrhaft
fürstliches Ansehen gegeben haben, ist vom
Kloster außer Turm und Küche nicht viel
mehr geblieben.

Die Gräber Albrechts und seiner Fa=
milie und jüngerer Glieder seines Geschlechts
sind erst 1880 unter dem Glockenturm
wieder aufgefunden; es sind sargähnliche
in den Fels gehauene Höhlungen mit stei=
nernen Deckeln.

Aus den Fenstern der mit wertvollen
Gemälden älterer Meister (darunter Rem=
brandt und Van Dyck) geschmückten Zimmer
hat man eine entzückende Aussicht. Aber
auch auf der Terrasse in dem 1765 an=
gelegten herrlichen Parke ist sie wunder=
schön. Hinter den scharf hervortretenden
Felsen der Gegensteine breitet sich, mit
Städten und Dörfern über=
sät, eine lebensvolle Land=
schaft aus; Quedlinburg und
das ferne Halberstadt, links
Blankenburg mit seinem
hochragenden Schlosse und
der Regenstein mit seinen
verfallenen Türmen, rechts
Hoym, Ermsleben und das
Bernburger Schloß begren=
zen den Horizont, hinter=
wärts lagert sich, von der
Brockenkuppe überragt, das
aufsteigende Gebirge mit
seinen Wäldern, Bergen und
Schluchten, — bei voller
Beleuchtung, etwa an einem
sonnigen Morgen nach einem
Regentage, ein köstlicher
Anblick!

XVII.
Die Wipperlandschaft. —
Mansfelder Bergbaugebiet.

Aus dem Gebiet der
Selke treten wir in das
der Wipper über, die sich
in der Nähe von Bernburg
in die Saale ergießt. Der
erste ihr dienstbare Bach,
die Eine, läuft, zumal wenn
wir die bei Stangerode ein=
mündende Leine als Haupt=
bach ansehen, von ihrer

Abb. 102. Luthers Sterbehaus in Eisleben.

Quelle auf der Hoch-
ebene von Harzgerode
bis Aschersleben der Selke
in geringem Abstande pa-
rallel. Zwischen den bei-
den genannten Bächen
liegt zwischen Kartoffel-
feldern, auf baum- und
poesieloser Ebene das
ärmliche Dörfchen Mol-
merschwende, Bürgers
Geburtsort, und links
von der Leine das Dorf
Pansfelde, das „Tauben-
hain“ einer fast vergesse-
nen Bürgerschen Ballade.
Oberhalb des hübsch von
bewaldeten Bergen um-
schlossenen Stangerode
finden wir bei der Ein-
mündung des Wiebeeks
in einem freundlichen
Waldthale am Fuße des
Hakeberges die inter-
essanteste Wüstung des
Harzes, das zuerst 1043
erwähnte Volkmanns-
rode: unter den weit-
schattenden Linden bei
der Kirchenruine dieses
schon ein halbes Jahr-
tausend verlassenen Dor-
fes wurde noch vor drei
Jahrzehnten zweimal im
Jahre das uralte Rüge-
gericht gehegt, ein in

Abb. 103. Luther-Denkmal in Eisleben.

unsere nüchterne Zeit fremdartig hinein-
reichender Rest des alten germanischen Ge-
richtsverfahrens. Ruine, Gerichtslaube und
Linden werden auf Weisung der Herzog-
lichen Regierung noch jetzt mit Pietät erhalten.

Aber das Eineflüßchen hat noch eine
dritte Überraschung für uns bereit: unfern
des Dorfes Harkerode erhebt sich auf steilem
Felsen die Ruine Arnstein, eine der best-
erhaltenen unserer Lande. Da die Edlen
von Arnstedt, die mit dem aus Württem-
berg stammenden Erzbischof Hanno von
Köln eines Geschlechts waren, sich zuerst
1136 von Arnstein nennen, so muß die
Burg damals erbaut sein. Es war ein
angesehenes Geschlecht: ein Walther hatte
eine Enkelin Albrechts des Bären zur Ge-

mahlin, ein Gebhard, mütterlicherseits mit
den Staufen verwandt, war lange Zeit
Kaiser Friedrichs II. Stellvertreter in Jta-
lien. Graf Walther V., der letzte des Geschlechts, übergab 1296, um in den deutschen Orden einzutreten, die Herrschaft seinem
Schwager Otto von Falkenstein. Die
Nebenlinie der „Grafen von Barby“ erlosch erst 1659.

Durch Kauf 1387 in den Besitz der
Grafen von Mansfeld gelangt, wurde sie
1530, als hier eine der Linien des „Vordern-
orts“ ihre Residenz nahm, gründlich restauriert. Aber zwei Jahrhunderte später
war sie bereits Ruine. Die Mauern des fünf-
stöckigen Hauptgebäudes stehen noch 20 Meter
hoch, und der riesige Rundturm ist noch auf
100 Stufen im Treppenturm zu ersteigen.

Unterhalb Stangerodes verflachen sich die Hügel, und Kornfelder verdrängen völlig den Wald. Doch folgen wir der Eine noch bis Aschersleben zu flüchtigem Besuche. Schon zur Zeit der Karolinger als Ascegeresleben in Thüringen in einer Schenkungsurkunde für das Stift Fulda erwähnt, hat sich die im Mittelalter mit Quedlinburg und Halberstadt stets eng verbündete Stadt zu einer der wohlhabendsten und gewerbfleißigsten der Harzlande entwickelt und zählt jetzt 27 250 Einwohner. Nebem den Reichtum an Altertümern, mit denen ihre Schwesterstädte prunken dürfen, kann sie nur wenig mehr als die gotische Stephanikirche, das schöne Rathaus im Stile der Renaissance und die unbedeutende Ruine der schon 1140 zerstörten Askanierburg stellen.

Die Wipper, welche mit der Selke fast gleiche Länge und Richtung hat, entspringt am Ostabfall des Auerbergs, greift aber mit andern Quellbächen nach allen Seiten weit hinaus, im Norden bis Neudorf, im Süden fast bis nach Dietersdorf. Kurz vor dem Flecken Wippra vereinigt sie die in der Alten und der Schmalen Wipper gesammelten Wasser.

Ihr Oberlauf ist anmutiger als der der Selke; besonders wirkungsvoll ist die Bewaldung der Schmalen Wipper: auf der Sonnenseite Buchen, auf der Winterseite Fichten. Ein Prunkstück, wie es die Selke zwischen Alexisbad und Mägdesprung uns vorhält, hat die Wipper dagegen nicht aufzuweisen; aber ihr Thal von Wippra abwärts hält den Vergleich mit dem Selkethal unterhalb Mägdesprungs wohl aus, wenn auch die sanft gewellten Höhen das breite Wiesenthal nirgends um 100 Meter übersteigen. Ihr Gefälle bis Leimbach beträgt 1:156, das der Selke bis Meisdorf 1:104 (das der Bode von der Quelle bis zur Blechhütte bei Thale 1:77).

Wippra liegt mit seinen Feldern und Wiesen freundlich in üppige Wälder gebettet, hat aber außer spärlichen Resten einer Burg nichts von Bedeutung aufzuweisen. Doch bald schon schimmert über prachtvolle Laubwälder das schöne im dreizehnten Jahrhundert erbaute Schloß Rammelburg, halb Brandruine, halb bewohnt, auf einem von drei Seiten umflossenen Bergvorsprunge sich mitten in das Thal schiebend, uns entgegen. Mögen andre Harzschlösser mit der Rammelburg um großartige Schönheit streiten, aber diese thalauf und -ab fast gleich wirkungsvolle Schaustellung ist nur dieser eigen. Und wenn andre Burgen uns aus alter Zeit des Interessanten viel zu berichten wissen, so erinnert uns die Rammelburg an zwei schlichtbürgerliche bedeutende Männer der neueren Zeit: der große Forstmann Pfeil, der „Erzieher des deutschen Waldes", ist hier als Sohn eines Justizamtmannes geboren, und in der Schloßkapelle ist Hermann August Francke getraut.

Harzluft und Waldesduft zu atmen und uns an friedlicher Stille zu erquicken, ist uns nur eine kurze Strecke im Wipperthale beschieden: turmhohe, rauchwirbelnde Schornsteine, mächtige schwarze Schlackenhalden, das Thal beengend und täglich noch wachsend, Schächte und Hütten mit ihrem geschäftigen Treiben, mit allem Geklapper und Gerassel der Maschinen melden uns wuchtig, daß wir hier bei Leimbach an einer der Hauptarbeitsstätten der heiligen Barbara angekommen sind, der neuen Patronin des Bergbaues, die mit ihrem Pulver und Lärm die alten ruhigeren Bergheiligen Sankt Joachim und Sankt Anna vom Stuhle gestoßen hat. Bis Hettstedt und darüber hinaus reiht sich, miteinander wechselnd, Schacht an Schacht und Hütte an Hütte. Hier im Freiesleben-, dort im Eduardschacht und in den Lichtlöchern des 31 Kilometer langen Schlüsselstollen werden die Kupferminern gewonnen, hier in der Eckard-, dort in der Kupferkammerhütte gebrannt und geschmolzen, hier in der Katharinenhütte wird Silber und Kupfer aus dem Rohprodukt geschieden, dort auf der Saigerhütte die Raffinierkrätze zugute gemacht (Abb. 92 u. 93). Und in all das Getriebe schaut verwundert die stille Ruine der alten Burg Örner vom Waldhügel hernieder.

Bei Hettstedt, dem östlichsten Punkte des Harzes, entlassen wir die Wipper aus unserm Geleit und wenden uns der mit Leimbach fast verbundenen Stadt Mansfeld und ihren Erinnerungen an D. Luther zu.

Doch zuvor statten wir schon an dieser Stell „seines Vaters lieben Schlägelgesellen" einen kurzen Besuch ab.

Nach alten Nachrichten sollen zwei

Abb. 104. Sachsa.
(Nach einer Photographie von Sophus Williams in Berlin.)

Bauern, Nappian und Naucke, am 12. Juni 1199 beim damaligen Dorf Hettstedt den ersten Kupferschiefer gewonnen haben, und die Grafen im Jahre 1215 vom Kaiser Friedrich II. mit dem Bergregal belehnt worden sein. Wenn nun auch jene Angabe richtig sein und die Ortschaft Kupferberg bei Hettstedt 1199 entstanden sein mag, so haben doch die Grafen von Mansfeld schon lange vor dieser Zeit Bergbau betrieben. 1364 gab ihnen Kaiser Karl IV. diesen auch innerhalb einer über die Grafschaft hinausreichenden Grenze zu Lehen. Kaiser Friedrich III. aber verwies sie damit 1480 an die Herzöge von Sachsen. Im vierzehnten und fünfzehnten und auch noch im Anfange des sechzehnten Jahrhunderts gelangte der Bergbau zu großer Blüte, aber sein Verfall bereitete sich schon vor: die stets um Geld verlegenen Grafen nahmen Vorschüsse von den Kupferhändlern, verpfändeten Hütten und gaben andre zu Lehen. Die Teilung der damals vorhande-

nen 95 Hütten („Feuer") unter die sechs Grafenlinien im Jahren 1536 konnte den Vermögensverfall nicht aufhalten. Als die Schuldenlast der Grafen die für jene Zeit ungeheure Summe von zweiundeinhalb Millionen Gulden erreichte, nahmen Sachsen und Magdeburg als Lehnsherren 1570 Bergbau und drei Fünftel der Grafschaft in Sequester; damit waren die Grafen trotz ihres Protestes mediatisiert. Während des dreißigjährigen Krieges und noch mehrere Jahrzehnte nachher beschränkte man sich darauf, alte Halden und offene Schächte auszuklauben. Erst durch die „Freilassung" im Jahre 1671, die jedermann gestattete, Bergwerke zu muten und zu bauen, kam der Bergbau wieder in geordneten Betrieb. Die fünf Gewerkschaften, welche sich nun nach und nach bildeten, haben sich im Jahre 1852 zu einer einzigen, der „Mansfeldschen Kupferschiefer bauenden Gewerkschaft" vereinigt, die ihren Sitz in Eisleben hat.

Es ist ein einziges muldenförmiges Kupferschieferflöz, auf dem die Mansfelder Gruben bauen. Das Erz kommt in diesem in der Regel als „Speise" vor, d. h. in sehr feinen Stäubchen eingesprengt, die auf dem Querbruch metallisch schimmern. Doch treten neben dieser Speise, die goldgelb, blau, rot und grau sein kann, auch feine Schnüre von Buntkupfererz und Kupferglas auf, wie in den Sanderzen bei Sangerhausen dicht zusammengedrängte Kupferkiesstäubchen als „gelbe Tresse".

Die „gültigen" Schieferlager sind nur sieben bis dreizehn Centimeter mächtig, doch muß das Nebengestein, damit der Bergmann Platz findet, bis zur Gesamthöhe von einem halben Meter mit weggehauen werden. Der Häuer liegt bei der Arbeit auf der linken Seite und schützt sich gegen das kalte und nasse Gestein durch ein angeschnalltes Beinbrett und ein lose liegendes Achselbrett. Die durch Schrämen (Abb. 94) und Sprengen

Abb. 105. Kloster Walkenried.
(Nach einer Photographie von F. Rose in Wernigerode.)

Abb. 106. Denkmal Ernst VII., des letzten Grafen von Hohnstein, im Kloster Walkenried.
(Nach einer Photographie von Fr. Zirkler in Klausthal.)

gewonnenen Schiefer werden durch die Schlepper, 14- bis 19 jährige Burschen, in Hunden (Förderwagen) an die Förderstrecke gezogen. Der Schlepper schnallt sich ein mit acht Centimeter hohen Stollen (Langeisen) versehenes Beinbrett vorn auf den linken Oberschenkel, nimmt das Achselbrett zur Hand und legt sich vor den Hund. Dann richtet er sich soweit auf, daß er das Knöchelgelenk des rechten Fußes mit einem Riemen an den Hund knebeln kann, legt sich, wenn dies geschehen ist, mit dem linken Oberarm auf das Achselbrett, stützt sich mit der rechten Hand auf das Liegende (den Boden) und hakt mit den Stollen des Beinbretts auf dieses auf. Nach dieser Vorbereitung kann die Fortbewegung des Hundes beginnen. Der Schlepper zieht das freie linke Bein an, stemmt die Fußsohle desselben, um einen festen Halt zu gewinnen, gegen das Dach und streckt sich, das Achsel-brett mit der linken Hand weiterschiebend, gerade; dabei zieht das gefesselte rechte Bein den Hund selbstverständlich ein Stück-chen mit fort.

Enthielten die Mansfelder Schiefer nur Kupfer, so hätte der Bergbau längst eingestellt werden müssen. Denn nachdem Spanien, Colorado, die Gegend am Oberen See und andere Länder Amerikas in die erste Reihe der Kupferproduzenten getreten sind, kommt jetzt jährlich mehr als das Vierfache der früheren Jahresproduktion in den Handel. Nur der hohe Silbergehalt, $^1/_2$ Pfd. Silber im Zentner Kupfer, sichert dem Mansfelder Bergbau trotz der Entwertung des Silbers um die Hälfte seinen Fortbestand. Aber die Gewerkschaft hat noch mit andern Schwierigkeiten zu kämpfen. Bei der Abteufung (Abb. 95) neuer Schächte ist man mehrfach auf weit verzweigte Schlotten gestoßen, von Gips eingeschlossene Hohlräume, welche durch Auflösung des ursprünglich hier abgelagert gewesenen Steinsalzes entstanden und jetzt mit Wasser angefüllt sind. Die Bewältigung dieser Wassermassen ist aber sehr schwierig und kostspielig; um dem Übel gründlich beizukommen, hat man darum in der Annahme einer unterirdischen Verbindung den Salzigen See trocken gelegt.

Welche Bedeutung das Wohl und Gedeihen des Mansfelder Bergbaues auch für den Staat hat, folgt schon daraus, daß er 80 000 Personen — Berg- und Hüttenleuten mit deren Familien — ihr ausreichendes Brot gewährt.

Mit dem ‚Mannesfeld‘, welches das Stift Fulda im Jahre 974 tauschweise an

Magdeburg abtrat, ist das Dorf Kloster=
Mansfeld gemeint, denn die nach dieser
„Rodung des Mano“ benannte Burg ist
erst im elften Jahrhundert erbaut, und die
Stadt (Thal=) Mansfeld erst unter dem
Schutze der Burg an deren Fuße ent=
standen.

In diesem Städtchen, das vor 100 Jah=
ren erst 1000 Einwohner zählte, hat Luther
seine Kinderjahre verlebt. Das Haus, das
sein Vater im Jahre 1484 erwarb und
1530 auf seinen Sohn Jakob vererbte, ist
nur noch teilweise vorhanden: über der ver=
mauerten rundbogigen Hofpforte aus rotem
Sandstein findet sich noch erkennbar das

Bornstedt übrig, und auch diese erlosch,
nachdem bereits 1710 der Eislebensche oder
lutherische Zweig verdorrt war, am 31. März
1780 mit dem in Österreich lebenden Fürsten
Joseph Wenzel von Fondi. Nun fielen die
Besitzungen bis auf einige Allodialgüter,
welche auf Joseph Wenzels Schwiegersohn,
den Fürsten Coloredo und seitdem „Grafen
von Mansfeld“, vererbten, zu $^3/_5$ an Kur=
sachsen und zu $^2/_5$ an Preußen (Magde=
burg).

Der meistens nur „Ernst von Mans=
feld“ genannte Held des dreißigjährigen
Krieges, den der Tod am 26. November
1626 im bosnischen Dörfchen Wrakowicz

Abb. 108. Ellrich.
(Nach einer Photographie von Sophus Williams in Berlin.)

alte Luthersche Wappen, Rosen und Arm=
brust, mit den Buchstaben J. L. 1530.

Nicht viel besser ist es dem Grafen=
schlosse ergangen, das 65 Meter tief auf
die an den Seitenhängen eines Thales sich
hinziehende Stadt hinabsieht. Der erste, der
sich nach ihm nennt und auch wohl sein
Erbauer sein wird, ist Kaiser Heinrichs V.
Feldherr Hoyer, der 1115 am Welfes=
holze fiel. Mit dem Tode des Grafen
Burchard gingen 1230 Burg und Namen
auf seinen Schwiegersohn, den Edelherrn
Burchard von Querfurt über. Zu Luthers
Zeit spalteten sich seine Nachkommen in drei
Linien mit sieben Zweigen, aber ein und ein=
halb Jahrhunderte später war nur noch die
in den Reichsfürstenstand erhobene Linie

ereilte, war der Sohn des Fürsten Peter
Ernst I. aus dessen morganatischer Ehe mit
der schönen Anna von Eicken.

Im Anfange des sechzehnten Jahrhun=
derts wurde die Burg durch Hinzufügung
eines dritten Schlosses, des „Hinterortes“,
bedeutend erweitert und in ihrem ganzen
Umfange stärker befestigt. Aber gerade das
sollte ihr den Untergang bringen: da sie
im dreißigjährigen Kriege, statt das Land
schützen zu können, die Heere aller Parteien
angelockt hatte und bald erobert wurde, bald
wieder verloren ging, so verfügte der Lan=
desherr 1674 unter Zustimmung der Gra=
fen ihre Zerstörung; 400 Mann arbei=
teten daran, aber da Kalk und Gestein
untrennbar verkittet waren, mußte ihnen

noch ein Trupp von 30 Bergleuten mit Bohrer und Pulver zu Hilfe kommen.

Aber noch immer stehen einzelne Reste der Mauer stolz und fest, als wären sie mit dem natürlichen Fels, der sie trägt, zu einem Stück verwachsen. Ein breiter, tief in den Fels gehauener Graben, der die Burg von Nordost bis Nordwest umgibt, zeugt von den ungeheuren Anstrengungen, die einst auf die Befestigung des Platzes verwandt sind. Ein einziges, ehemals noch durch Außenwerke gedecktes Thor führt auf dieser Seite in den noch jetzt von festen, zum Teil doppelten Mauern und Kasematten umschlossenen öden Burghof, auf dem uns von allen Seiten in romantisch-malerischen Gestaltungen die alten Wohnsitze entgegentreten. Vom Vorderort hat sich fast nichts als ein starker Wallturm, die Gewölbe der Münze und ein altes Wachthaus auf den Umfassungsmauern erhalten. Im Mittelort, in dem sich neben der würdig restaurierten gotischen Kirche das jetzige Herrenhaus inmitten hübscher Gartenanlagen befindet, fallen die Umfassungsmauern eines stattlichen Gebäudes, in dem hohe Fichten wurzeln, besonders ins Auge: es ist der 1532 erbaute „Goldene Saal", der gemeinschaftliche Prunksaal der Häuser Mittel- und Vorderort; und im Anschauen der über den Nebenpforten eines großen Turmgebäudes angebrachten Steinbilder, eines auf dem Fasse sitzenden Bacchus und zweier Männer, von denen der eine mit seiner leeren Weinkanne nach dem den vollen Humpen leerenden Kumpan schlägt — Umschrift: Quid est? bapsi! — Darstellungen, welche den schwelgerischen Humor der Erbauer wiedergeben, müssen wir des strafenden Wortes gedenken, das D. Luther seinen lieben alten Landesherren zurief, da ihm der Wein auf der Treppe entgegenrann: „Die Herren düngen gut, es wird brav Gras danach wachsen." Auf und in den völlig zusammengebrochenen Mauern des Hinterorts, dessen ausgedehnte Gebäude einst als die schönsten gepriesen wurden, wuchern schon lange Bäume und Gesträuch.

Die Grafen von Mansfeld hatten sich den heil. Georg zum Patron erkoren, den vom wütenden Volke am 24. Dezember 361 beim Regierungsantritt des Kaisers Julian ermordeten Bischof von Alexandria, der sich gegen das Ende der Kreuzzüge in den ritterlichen Drachentöter, den Schutzpatron der Waffenübungen und des englischen Ordens vom blauen Kniebande verwandelte. Gleich den ungarischen wurden die mansfeldischen Georgsthaler schon im dreißigjährigen Kriege als Amulet gegen Hieb, Schuß und Stoß getragen. Der abgebildete (Abb. 96), i. J. 1620 geprägte Thaler der drei vorderortschen Grafen Volrat († 1627), Wolfgang I. († 1638) und Johann Georg II. († 1647) zeigt den Heiligen im Harnisch auf rechts schreitendem Turnierpferde, wie er mit der Lanze den Kopf des Lindwurms durchbohrt. Die Inschrift Ora pro (nobis) auf der Decke ist nicht zu erkennen. Die Umschrift ist zu lesen: Volrat, Wolfgang, Johann Georg, „patroni, comites et domini in Mansfeld, nobiles domini in Heldrungen". Der quadrierte Wappenschild enthält im ersten und vierten, wieder viergeteilten Felde die sechs Querstreifen von Querfurt und die sechs, in zwei Reihen gestellten Wecken (oder Gerstenkörner) von Mansfeld, im zweiten den Adler von Arnstein und im dritten den Löwen von Heldrungen mit doppeltem Zagel. Als Helmzier dienen die acht mansfeldischen Fähnchen und der Arnsteiner Adler.

Der zweite, 1811 geprägte Thaler (Abb. 97) zeigt den Kopf des lustigen Hieronymus, von seines Bruders Gnaden Königs von Westfalen. Der dritte (Abb. 98) ist bereits in Berlin i. J. 1862 geprägt, mit dem beim Übergange der Verwaltung an die Gewerkschaft die besondere Vermünzung des im Mansfeldischen gewonnenen Silbers aufhört.

Unser letzter Besuch an diesem Harzrande gilt der Lutherstadt Eisleben. (Abb. 99 und 100.) Nach den großen verheerenden Feuersbrünsten, namentlich im sechzehnten und siebzehnten Jahrhundert, hat sie trotz ihres hohen Alters kein altertümliches Gepräge. Unser Rundgang darf sich deshalb im wesentlichen auf die Lutherstätten beschränken. Das Lutherhaus (Abb. 101) enthält im Erdgeschoß, das bei einem Brande im Jahre 1689 unversehrt blieb, das Geburtszimmer des großen Bergmannssohnes und in den Sälen des 1694 im Stil der Renaissance erneuerten Oberstocks eine Art Luthermuseum. — Um mit seinem Rate die zwischen den Grafen,

Abb. 109. Ilfeld, vom Herzberg gesehen.
(Nach einer Photographie von F. Rose in Wernigerode.)

namentlich inbetreff des Bergbaus schwebenden Streitigkeiten beseitigen zu helfen, war Luther im Winter 1545/46 dreimal in Eisleben; „abgelebt und müde" kam er am 28. Januar, von den Grafen und einem Gefolge von 113 „Pferden" von der Grenze ab ehrenvoll geleitet, zum drittenmal hier an und stieg bei dem ihm befreundeten Stadtschreiber Dr. Drachstedt ab. In Gemeinschaft mit den beiden andern gewählten Schiedsrichtern, dem Fürsten Wolfgang von Anhalt und dem Grafen Heinrich von Schwarzburg, gelang ihm zu seiner großen Freude der völlige Ausgleich; und obwohl schwach und hinfällig, unterschrieb er am 17. Februar 1546 auch noch den letzten, abschließenden Vertrag. Doch bald darauf steigerte sich die Krankheit; das Einhorn, das Graf Albrecht ihm schabte, und das stärkende Wasser, mit dem die Gräfin ihm den Puls rieb, blieben wirkungslos, und in der dritten Morgenstunde des 18. Februar ging der große Reformator zur ewigen Ruhe ein. Das Sterbezimmer ist die kleine, trauliche straßenwärts liegende Kammer im oberen Stock des wohl erhaltenen gotischen Hauses (Abb. 102). In der gegenüberliegenden Andreaskirche hat Luther seine letzten vier Predigten gehalten, die letzte zwei Tage vor seinem Tode (Abb. 99).

Diese mit ihren aus dem dreizehnten Jahrhundert stammenden Hausmannstürmen stolz aufragende Hauptkirche, als deren Pfarrer 1609—11 der in Ballenstedt geborene Johann Arnd sein „Wahres Christentum" schrieb, gibt auch dem ansteigenden Marktplatze, auf den von der Rathausecke der gekrönte Kopf des hier gewählten Königs Hermann von Salm, das Wahrzeichen der Stadt, herunterblickt, den wirkungsvollen Hintergrund. Auf der Mitte des Platzes ist am 400. Geburtstage Luthers das Bronzestandbild (Abb. 103) des Mannes enthüllt, in dessen Hand nach den Worten des Katholiken Döllinger „Sinn und Geist der Deutschen wie die Leier in der Hand des Künstlers" waren. In der Linken die Bibel, schickt sich der Reformator an, die Bannbulle ins Feuer zu werfen; die Reliefs am Sockel zeigen ihn in der Disputation mit Dr. Eck und der edlen Musika pflegend im Kreise seiner Familie.

Ein großartiges Fest andrer Art sah der wundervoll geschmückte Marktplatz am 12. Juni 1900: die 700jährige Jubelfeier des Mansfelder Bergbaues, verherrlicht durch die Gegenwart unsers allgeliebten Kaiserpaares.

XVIII.

Die Helmelandschaft.

Die Helme, deren Flußgebiet zu durchwandern uns allein noch übrig bleibt, gehört dem Harze durch ihre Nebenflüsse Zorge, Thyra, Leine und Gonna an. Da der Südrand des Harzes höher liegt, als der

Abb. 110. Ruine Hohnstein.
(Nach einer Photographie von J. Rose in Wernigerode.)

Nordrand, so greifen diese nicht weit in das Gebirge hinein.

An den Rinnsalen, welche vom Grenz-punkte des Ravensbergs nach Süden eilen, um sich mit dem Flüßchen Wieda zu vereinigen, liegt das waldfrische, freundliche Städtchen Sachsa (Abb. 104). In dem im oberen Teile schön bewaldeten Wiedathale steigt die Harzsüdbahn von der mittleren Hochebene herab; wir folgen ihr nach dem schon außerhalb des Gebirges belegenen braunschweigischen Flecken Walkenried zur

Rammelsberge zuliegenden Erze auf Silber, Blei und Kupfer. Die im Jahre 1137 von fünf Bischöfen geweihte Kirche mit acht Altären entsprach nicht mehr der Bedeutung und dem Ansehen des Klosters; schon bald nach dem Jahre 1200 begannen kunstverständige Brüder südlich von Alt-Walkenried einen Prachtbau, an dem sich Tausende von freiwilligen Arbeitern päpstlichen Ablaß verdienten. Nach 80jähriger Bauzeit konnte 1290 das neue Gotteshaus, das — halb so lang wie der Kölner Dom — seine Gewölbe

Abb. 111. Neustadt unterm Hohnstein.
(Nach einer Photographie von F. Rose in Wernigerode.)

Besichtigung der großartigen Ruinen seines berühmten Cisterzienserklosters (Abb. 105), von dem die Trockenlegung der Sümpfe und Riede, die einst durch die Goldene Au hin den Südrand des Gebirges begleiteten, in so vorzüglicher Weise durchgeführt ist. Die Besitzungen des von der Gräfin Adelheid von Klettenberg um 1127 gegründeten und reich ausgestatteten Klosters erstreckten sich bald über die Harzlande und deren Nachbarschaft hinaus bis nach Lüneburg, in das Brandenburgische und die Uckermark, nach Aachen und Würzburg, und in allen Thälern des Westharzes verschmolzen seine Hütten die ihm aus dem

mit 26 Pfeilern stützte, feierlichst eingeweiht werden. Im fünfzehnten Jahrhundert stand Walkenried, das Mutterkloster von Marienpforte (Schulpforta) bei Naumburg und Sittichenbach bei Mansfeld, in seiner höchsten Blüte. Damals konnte der Abt auf der Reise nach Rom — wie man sagte — jede Nacht im eigenen Hause schlafen. Der Bauernkrieg knickte diese Blüte jäh mit frevelnder Hand, der dreißigjährige brach sie völlig. Mit wildem Jubel stürmten die aufständischen hohnsteinschen Bauern im Mai 1515 das von den flüchtenden Mönchen verlassene Kloster, plünderten, zerschlugen, verwüsteten; Urkunden und Manuskripte streuten sie den Pferden unter, Bücher warfen sie als Schrittsteine in den Schmutz. Vergeblich versuchten sie, das kunstvolle Metallbecken im Kreuzgange, das der Klosterbruder und Hüttenmeister Almante 1218 gegossen hatte, mit Hämmern zu zerschlagen, im offenen Holzstoß zu schmelzen, vergeblich die Glocke durch unaufhörliches Läuten zu zersprengen. Da knüpften sie Seile an die Turmspitze und in eine uralte Linde, verbanden diese mit dem Turm durch eine Kette, sägten das Gebälk rings herum ein, hieben den Baum um und rissen mit diesem unter Freudengeheul den Turm vom Dache herunter, daß er durch das Kirchendach und die Gewölbe schlug, und die Glocke zersprang. Bald stürzte der Chor nach, und 1570 mußte der Gottesdienst in die Kapitelstube verlegt werden, die noch heute als Fleckenskirche dient.

Seitdem steht das Kloster, eine malerische Ruine, öde und verlassen. Nach dem letzten Einsturz im Jahre 1899 sind von der Kirche, die — einzig in ihrer Art — eine in frühgotischem Stil gehaltene dreischiffige Basilika mit Kreuzarmen war, nur wenige Teile der Außenmauern erhalten, am besten das Hauptportal mit einem sehr großen Spitzbogenfenster. Unversehrt ist außer der Kapitelstube, die u. a. das kunstvoll aus Holz geschnitzte Epitaphium (Abb. 106) des 1591 gestorbenen letzten Hohnsteiner Grafen Ernst und den sehr schönen romanischen Taufstein von Alt-Walkenried enthält, nur der einen rechteckigen Hof, in welchen das Baptisterium mit fünf Seiten des Achtecks einspringt, umschließende Kreuzgang (Abb. 107), und besonders der in doppelter Breite sich an die Kirche lehnende Flügel, der durch eine Säulenreihe mit reichen Blattkapitälen in zwei Schiffe geteilt ist.

Unmittelbar vor Walkenried durchschneidet die Bahn den hohen Gipsfelsen des Sachsensteins, auf dem 1073—74 eine der Burgen Heinrichs IV. stand. Eine vor wenigen Jahren vom Geheimen Baurat Brinkmann unternommene Ausgrabung hat indes erwiesen, daß die Ruinen vier verschiedenen Zeiten angehören, und daß eine dieser Burgen in jene frühe Zeit zurückreicht, wo man noch statt des Bergfrieds eine Schildmauer aufführte; vielleicht war dies die Hocseoburg des Häuptlings Theoderich. Neben dieser interessanten archäologischen

Belehrung bietet der Sachsenstein aber auch eine hübsche Aussicht.

Die Zorge, in die sich die Wieda ergießt, erhält ihre ersten Wasser von einem Kamme, dessen Mitte der 687 Meter hohe Ebersberg einnimmt. Von seinem Holzturme hat man einen großartig schönen Blick von eigenartigem Charakter. Während im Norden die Thäler des Bodegebiets flach nach Osten streichen, laufen auf der entgegengesetzten Seite die tiefer einschneidenden Thäler des Helmegebietes nach Süden. Im Westen und Norden setzen Acker und Brockengebirge dem Blick die Grenzen, im Osten fliegt er unbehindert über die endlose Hochebene, aus der die Kuppe des Rambergs kaum merklich hervortritt, und im Süden bildet erst der Thüringerwald seinen Abschluß. Im Abstieg wenden wir uns nach dem braunschweigschen Flecken Hohegeiß, der mit seinen 642 Metern der höchstgelegene Ort im Harze ist. Ähnlich wie Andreasberg von kahler Höhe steil ins Thal abfallend, verdankt es diese den Ackerbau ausschließende Lage dem um die Mitte des sechzehnten Jahrhunderts aufgenommenen Bergbau, der nach langer Unterbrechung erst jetzt wieder in Betrieb gesetzt wird; und seinen Namen der Elendskapelle „zum hohen Geist", die in dieser einsamen, durch Räubereien berüchtigten Gegend an einer alten Gebirgsstraße schon im dreizehnten Jahrhundert vorhanden war.

Durch den üppigen Laubwald des Wolfsbachthales gelangen wir nach dem in 356 Meter Meereshöhe sehr schön tief in den Bergen gelegenen früheren Eisenhüttenort Zorge, einem braunschweigschen Flecken, gleichen Alters mit Hohegeiß. Am 554 Meter hohen Staufenberge vorüber wendet sich die das Flüßchen begleitende Straße, die bei der Drahthütte den alten Kaiserweg aufnimmt, nach der einst hohnsteinschen Stadt Ellrich (Abb. 108); an dem unterhalb dieser einmündenden Sülzbache liegt in einem rings durch hübsche Waldberge geschützten Thalkessel idyllisch das Dorf Sülzhain und noch etwas höher in entzückendem Waldfrieden das Sanatorium für erholungsbedürftige Knappschaftsgenossen. Auch der nördlich davon zu 635 Meter ansteigende Große Ehrenberg verdient um seiner herrlichen Aussicht willen einen Besuch. Von hier zum Jägerfleck hinabsteigend, wo sich die Straßen Ellrich-

Benneckenstein und Ilfeld-Hohe-geiß-Braunlage kreuzen, wandern wir über das hübsch am nördlichen Fuße des 610 Meter hohen Kleinen Ehrenbergs gelegene wernige-rodische Dorf Rotesütte im wunderschönen Schoppenthal zum Netz-kater hinunter.

Die Kleinbahn, welche sich bei Dreiannen-Hohne von der Brockenbahn in der Richtung auf Elend abzweigt und in Sorge an der Warmen Bode die Kleinbahn Tanne-Braunlage, die Fortsetzung der Zahnradbahn Blanken-burg-Tanne, kreuzt, erklettert südöstlich von Benneckenstein von der Luppbode aus die 582 Meter hohe Wasserscheide und eilt im Tiefenbachthal der von Nord-osten kommenden Behre zu, um von der nur noch 352 Meter hoch-gelegenen Eis-felder Thalmühle ab dem herrlichen Thale dieses Flüßchens zu folgen. Das Stück bis Ilfeld, in das wir beim Netzkater ein-treten, darf sich mit seinen romantischen Klippen und üppigen Laubwaldhängen ge-trost den bekanntesten Glanzpartieen des Harzes zur Seite stellen.

Im Jahre 1103 überfiel Elger I. von Ilfeld den Grafen Kuno von Beichlingen in der Nacht und tötete ihn in seinem Bette. Wohl zur Sühne für diese Gewalt-that stiftete sein Sohn Elger II. „an der Pforte Hercyniens" das Kloster Ilfeld; sein Enkel Elger III. vollendete den Bau, über-ließ die Burg Ilfeld, von der sich nur noch geringe Reste über der Johannishütte vor-finden, seinem Bruder Friedrich, von dessen ältestem Sohne Heinrich die Fürsten zu Stolberg abstammen, und nahm auf dem durch Heirat erworbenen Hohnstein seinen Wohnsitz. Das reich ausgestattete Kloster ward — wie Walkenried — im Bauern-kriege ausgeplündert und hart mitgenommen.

Im Jahre 1546 nahm der Abt Stange die Reformation an und verwandelte das Kloster auf Luthers und Melanchthons Rat und mit Unterstützung der Grafen zu Stol-berg in eine Schule, als deren ersten Rektor er 1550 den berühmten Michael Neander, der damals erst 25 Jahre alt war, berief. Noch heute blüht dies Päda-gogium, aus dem berühmte Männer hervor-gegangen sind (Abb. 109).

Über den 612 Meter hohen Poppen-berg, dessen Gipfel, die Fürst-Ottos-Höhe, einen Eisenturm trägt, der die diesem schönen Harzgebiete charakteristische Aussicht bietet: nach dem Harze zu die wellenförmige Hoch-ebene mit dem Brocken, nach dem Lande hin die Goldene Au mit dem Kyffhäuser und der Thüringer Wald, wandern wir dem Hohnstein zu, der schönsten und be-deutendsten aller harzischen Burgruinen (Abb. 110).

Der Hohnstein ist zwischen 1110 und 1130 von einem Grafen Konrad, dem Brudersohne Ludwigs des Springers von Thüringen, erbaut. Seit 1162 nannten sich die damit von Heinrich dem Löwen belehnten Ilfelder „Grafen von Hohnstein". Nach dem Tode des letzten dieses berühmten und in seiner Glanzzeit reichbegüterten Ge-schlechts traten 1593 die ihm stammver-wandten und erbverbrüderten Stolberger in den Lehnsbesitz ein. So kommt es, daß sowohl ein Stück der Grafschaft Stolberg-

Wernigerode (Rotesütte, Sophienhof, Huf-
haus), wie der Grafschaft Stolberg = Stolberg (die Gegend von Neustadt bis nach
Urbach und Steigerthal nördlich von Heringen) innerhalb der Provinz Hannover
liegt.

In der dunklen Nacht vom 14. auf
den 15. September 1412 erstieg, von einem
treulosen gräflichen Knechte geführt, Friedrich von Heldrungen mit seiner Fleglerbande
die Burg, nahm den alten Grafen im Bette
gefangen, und kaum gelang es dem jungen

leuchtende Feste zu retten, ließ er sie durch
Soldaten hinuntertreiben.

Trotz der Trümmerhalde, die einem
natürlichen Bergsturz gleich den 90 Meter
hoch aus dem Thale aufsteigenden Burg-
felsen umgibt, sind noch umfangreiche Teile,
Mauern, vier Thore, Türme, die Umfassungsmauern vieler Gebäude, vorhanden, und
die Bäume und Sträucher, die aus den
Trümmern aufgeschossen sind, und der ge-
wachsene Fels, der zwischen ihnen zu Tage
tritt, verstärken den malerischen Eindruck.

Abb. 113. Rathaus in Nordhausen.

Grafen Heinrich IX., nur mit dem Hemde
bekleidet, mit Hilfe seiner Gemahlin Mar-
garete von Weinsberg, an einem Seile
durch das Fenster zu entkommen. Und im
Mai 1525 erstürmten die aufständischen
Bauern die Burg, um den hierher geflüch-
teten Ilfelder Abt und dessen Eigentum
zu holen. Aber beide Male schonten die
Bauern die Burg. Erst der dreißigjährige
Krieg brachte ihr das Ende: in der Christ-
nacht des Jahres 1627 steckte sie der kur-
sächsische Oberst Vitzthum von Eckstädt mittels
großer Mengen ringsum gehäuften Well-
holzes in Brand, und als die Neustädter
herbeieilten, um die schauerlich ins Thal

Bei dem Dorfe Niedersachswerfen, das
wir über den Flecken Neustadt (Abb. 111)
erreichen, wendet sich die Zorge bis Nordhausen südlich, um sich bald darauf in südöstlicher Richtung bei Heringen in die Helme
zu ergießen.

Die ehemalige Reichsstadt Nordhausen
(Abb. 112), die als solche in den Harzlanden nur Goslar zur Schwester hat, gehört zu den wenigen Städten, deren Befestigung bestimmt auf Heinrich I. zurück-
geführt werden kann. Zugleich ist sie die
dritte der harzischen Königsstädte, denn die
sächsischen und fränkischen, auch noch die
staufischen Kaiser nahmen hier oftmals ihren

Aufenthalt. Von Heinrich dem Löwen 1180 eingeäschert, erscheint sie doch schon 1270 als Reichsstadt; und erst der Reichsdeputationshauptschluß von 1803 nahm ihr die Unmittelbarkeit.

An altertümlichen Bauwerken hat Nordhausen weniger aufzuweisen, als Goslar, Halberstadt und Quedlinburg. Von den sieben Kirchen ist die älteste und sehenswerteste der gotische Dom zum heiligen Kreuz mit romanischem Turm. Trotz seiner Einfachheit recht wirkungsvoll zeigt sich das Rathaus (Abb. 113), ein Renaissancebau aus dem Jahr 1510 mit einem hölzernen Roland aus dem Jahre 1717. In ihrem „Gehege“ besitzt die Stadt einen wundervollen Waldpark.

Die Wasser des Auerberges und der Gegend bei Stolberg führt der Helme, die sich bei Heringen westlich gewendet hat, die nordöstlich vom Birkenkopf (585 Meter) entspringende Thyra zu.

Der 575 Meter hohe Porphyrkegel des Auerberges setzt sich wie der Ramberg, doch etwas steiler, um etwa 200 Meter auf die Hochebene auf. Nach dem Grafen Joseph zu Stolberg, der auf der flach gewölbten Kuppe im Jahre 1822 einen von Schinkel entworfenen 22 Meter hohen hölzernen Turm in Kreuzform errichten ließ, heißt er auch Josephshöhe. Dieser 1880 durch Blitzschlag zerstörte ist 1896 durch einen durchbrochenen Eisenturm nach demselben Plane ersetzt. Mit seinen Doppelarmen bildet er das größte Kreuz der Welt (Abb. 114).

Die Rundsicht ist ungleich schöner als die von der Viktorshöhe, voller Abwechselung und Leben. Denn die schwachgewellte Ebene des Unterharzes tritt hier nur im Osten auf, und der dort nur angedeutete Brocken stellt sich hier mit all seinen Neben- und Vorbergen in voller Breite und größerer Nähe offen zur Schau, und Berg und Thal vor ihm bildet gleichsam ein tiefgehendes, grünes Gewoge. Über der Goldenen Au tritt das Kyffhäusergebirge markig hervor. Und wundervoll glänzt im nächsten Vordergrunde das

Schloß Stolberg in seiner frischgrünen Umrahmung.

Heinrich von Voigtstedt in der Goldenen Au, der 1210 zum erstenmal als Graf von Stolberg vorkommt, gehört dem Hause der Ilfelder an. Waren seine Stammbesitzungen, wenn auch zerrissen, nicht unbedeutend, so sind doch als die eigentlichen Begründer des Reichtums und des Ansehens des durchlauchtigen Hauses die beiden Grafen Botho anzusehen, von denen „der Ältere“ 1450, „der Glückselige“ 1500 regierte. In der Erbteilung von 1645 fielen die Grafschaften Stolberg und Roßla Johann Martin, dem jüngeren Sohne des Grafen Christoph, zu; seine Nachkommen spalteten sich 1706 in die noch heute blühenden Zweige Stolberg-Stolberg und Stolberg-Roßla.

Das Schloß (Abb. 1), in dessen ältestem Flügel sich die Schloßkirche mit einem prächtigen Altar aus Alabaster, mit großen silbernen Leuchtern und schönen Statuen befindet, hebt sich von dem Hintergrunde des grünen Buchenwaldes der überragenden

Abb. 114. Aussichtsturm Josephshöhe. Das größte Kreuz der Welt.
(Nach einer Photographie von Wiedling in Stolberg.)

Abb. 115. Rathaus in Stolberg.
(Nach einer Photographie von F. Rose in Wernigerode.)

Berge blendend weiß gar ausdrucksvoll ab. Die unter seinem Schutze und an seinem Fuße an einer alten Straße entstandene Stadt mußte klein und unbedeutend bleiben, denn für den Handel lag sie nicht günstig genug, ihr Bergbau hat nie Bedeutung erlangt, und Ackerbau gestatten die schroffen Berghänge nicht. Aber ihre wundervolle Umgebung — lauschiger Wald, weitschauende Höhen — fangen an, ihre Zugkraft zu üben.

Keine andre Harzstadt kommt ihr in seltsamer Lage gleich. Von allen Seiten durch hohe Berge eingeengt, erscheinen ihre langen Gassen gleichsam in die vier hier zusammentreffenden Thäler eingegossen, und die Berge wie zerrissen, als ob ein gewaltiger Blitz die Gebirgsmassen in riesige Furchen zerteilt hätte, die strahlenförmig vom Markte auslaufen. Im Mittelalter war der Marktplatz durch vier Thore befestigt, und auch am Außenende jeder der vier Gassen erhob sich ein Thor, aber Wall und Mauern hatte die Stadt nicht; denn oft unmittelbar hinter den Häusern, auch hinter dem interessanten Rathause (Abb. 115) steigen die Felsen auf. Die uralten Bürgerhäuser in malerischer Holzkonstruktion finden sich nicht, wie z. B. in Goslar, vereinzelt und verstreut, nein, die ganze Stadt mutet uns an wie ein unversehrt gebliebenes Stück Mittelalter.

Die dritte stolbergsche Residenz, das neue, schöne Schloß Roßla, liegt anmutig halb im Park versteckt am Ufer der Helme. Von hier oder von der benachbarten Station Bennungen machen wir einen kurzen Abstecher nach dem Dorfe Questenberg, das sich überaus malerisch in ein von schroffen Gipswänden eingefaßtes, enges Thal einschmiegt, deren Weiß durch die dunklen Waldhänge noch blendender wird. Auf einem dieser Felsen erhebt sich die bedeutende Ruine der Burg Questenberg, die noch im dreißigjährigen Kriege militärisch besetzt war. Unser Besuch aber gilt dem gegenüberliegenden, von einem vorgeschichtlichen Erdwalle umgebenen „Questenberge", und insbesondere dem hier aufgerichteten Questenbaume, einer 12 Meter hohen entrindeten Eiche, an deren Kreuzarmen ein riesengroßer Kranz mit Birkenzweigen befestigt ist. Hierher zieht die Dorfgemeinde alljährlich am dritten Pfingsttage nach einem Festgottesdienste in feierlichem Zuge, führt einen Reihentanz um den Baum und kehrt zu Tanz und Schmaus nach dem Dorfe zurück. Die Sage führt diesen unzweifelhaft

alten Brauch recht oberflächlich darauf zu=
rück, daß ein Kind, welches sich Pfingsten
im Walde verirrt hatte, nach langem Suchen
wiedergefunden wurde, als es sich gerade
einen Kranz (eine „Queste“) flocht. Un=
schwer aber ist in dem Questenfeste noch
heute das altgermanische Maienfest zu er=
kennen: der Kranz ist ein Sinnbild der
Sonne, der Tanz um den Baum ein Bild
ihres scheinbaren Rundganges um die Erde.

In einem schmalen, hoch in die Berge
hinaufgreifenden Thale, dessen Wasser, wie
der Questenberger Bach, der bei Bennungen
in die Helme mündenden Leine zurinnt, liegt
in einem reizenden Waldversteck das Dörfchen
Morungen mit einem prächtigen Schlosse;
die nicht unbedeutende Höhe, an die sich
westlich das Dorf schmiegt, trägt die stark
verfallenen Ruinen der gleichnamigen Burg.
Der Blick hier über das Dorf hinaus in
die liebliche Berg= und Waldlandschaft wirkt
überraschend, aber noch größeres Interesse
gewinnt die wenig bekannte Ruine dadurch,
daß diese Burg Morungen die Heimat des
Minnesängers Heinrich von Morungen ist,
des bedeutendsten Vorläufers Walthers von
der Vogelweide.

Von der Ruine gelangen wir auf ein=
samem Waldpfade über den Kunstteich nach
den Ruinen der Burg Grillenberg, die sich
auf einem waldigen Bergrücken über dem
gleichnamigen Dorfe erheben. Das Burg=
plateau gewährt nur nach Süden, durch
das Gonnathal, eine Fernsicht, aber eben
dieser Blick aus dem Waldversteck über
Sangerhausen auf die Allstedter Höhen und
den Kyffhäuser und bis zur Finne und
Schmücke bei Sachsenburg gehört zu dem
Lieblichsten, was der Südharz zu bieten
vermag.

Die Gonna führt uns nach dem freund=
lichen Sangerhausen, der zweitgrößten Stadt
des Südharzes. Schon im Hersfelder Zehnt=
register von 899 erwähnt, hat sie sich, wenn
auch sonst modernen Ansehens, manche wert=
volle Erinnerung an alte, ruhmreiche Zeiten
bewahrt. Von den Kirchen stammt die
romanische Ulrichskirche mit fünf Apsiden
und einem Turme über der Vierung schon
aus dem zwölften Jahrhundert; Graf
Ludwig der Springer erbaute sie kurz
nach seiner Gefangenschaft unter Kaiser
Heinrich V. (1116—1120); von den Pro=
fangebäuden sind das 1586 erbaute und
um 1620 erweiterte Amtsgericht mit Turm
und schönen Erkern und das aus dem
Jahre 1437 stammende Rathaus, das in=
folge eines Anbaues von 1556 „einen
Sparren zu viel oder zu wenig“ hat,
die sehenswertesten. Das um 1250 vom
Markgrafen Heinrich dem Erlauchten von
Meißen erbaute „alte Schloß“ bietet da=
gegen in seinem jetzigen Zustande kaum ein
kunstgeschichtliches Interesse.

* * *

Gleich den jungen Bergstädten Klaus=
thal und Zellerfeld, von denen wir unsern
Rundgang durch die schönen Harzlande
aufgenommen haben, führt das alte Sanger=
hausen, in dem wir nun den Wanderstab
aus der Hand legen, das Berggezäh,
„Schlägel und Eisen“, im Wappen. Das
mag uns ungesucht Anlaß und Berechtigung
geben, uns mit dem schönen, alten Harzer
Spruche voneinander zu verabschieden:

Es grüne die Tanne, es wachse das Erz!
Gott schenke uns allen ein fröhliches Herz!
· Glückauf!

Register.